Der Unternehmer Reinhold Würth und die Kunst

Reinhold Würth
bei der Porträtsitzung
im Atelier des Bildhauers
Alfred Hrdlicka,
Wien 1994

Bernadette Schoog

Der Mensch lebt nicht vom Brot allein
Der Unternehmer Reinhold Würth und die Kunst
Biografische Momente

Swiridoff Verlag

Inhalt

Prolog	7
Der Uomo universale Annäherung an ein Phänomen	14
Momentaufnahmen im Leben von Reinhold Würth	21
Schicksalsbegegnung	54
Neue Zeiten	60
Eheglück und Wirtschaftswunder	64
Familiengeschicke	76
Kunst und Wachstum	78
Unternehmen und Zeitgeschichte	93
»Kunst ist das Atmen der Seele«	116
»Die Wahrheit ist das Ganze«	150
Epilog	156
Dank	158
Die Autorin	160
Abgebildete Werke aus der Sammlung Würth	161

Meinen Zweck befördernd,
befördere ich das Allgemeine –
und dieses befördert wiederum
meinen Zweck.

Georg Wilhelm Friedrich Hegel

Prolog

Er greift nach den Sternen. Aber nachts wird geschlafen!

Ich bin Reinhold Würth zum ersten Mal 2008 im Zuge der Vorbereitungen für die Ausstellung der Alten Meister in der frisch renovierten Johanniterkirche in Schwäbisch Hall begegnet. Es galt in diesem Zusammenhang ein Interview mit ihm zu führen, um mehr über ihn und seine Haltung zur Kunst in Erfahrung zu bringen. Dass dieser ersten Begegnung später viele weitere Gespräche folgen würden, um ein Buch über den Menschen und Kunstsammler Würth schreiben zu können, das haben wir zu dem Zeitpunkt wohl beide nicht vermutet.

Zu dieser Zeit war mir von meinem Interviewpartner vor allem das bekannt, was man in den Archiven und Presseartikeln über ihn lesen konnte: Ein Global Player, ein anerkannter Weltmarktführer, ein großer Unternehmer und bedeutender Kunstsammler sei er.

Die nachprüfbaren Details sind schnell erzählt: Als junger Mann von 19 Jahren muss er nach dem plötzlichen Tod des Vaters ins kalte Wasser springen, um dessen Zwei-Mann-Betrieb zu übernehmen. Offenbar ist er ein Mensch mit großem unternehmerischem Geschick, denn er hat es geschafft, im Laufe der Jahre aus diesem Kleinstbetrieb ein Weltimperium mit mittlerweile mehr als 66.000 Mitarbeitern aufzubauen. Dazu kommen sein soziales Engagement – preisgekrönt –, seine Stiftungen, seine gesellschaftspolitischen Ambitionen.

Man erfährt durch diese Recherchen die Fakten, die Bilanzen, die Ehrungen, aber wenig bis nichts über den Menschen hinter all den Titeln und Verdiensten.

Und dann die Kunst. Welcher glücklichen Fügung ist es zu verdanken, dass er diese große Liebe zur Kunst entdeckt hat? Eine der umfangreichsten privaten

Kunstsammlungen Deutschlands hat Reinhold Würth mit seinem Vermögen aufgebaut. Ein Schatz von über 16.000 Kunstwerken, die in nunmehr vier firmeneigenen Museen in Deutschland und elf Kunstdependancen im Ausland gezeigt werden können.

Dies alles sind offenkundige Tatsachen, die aber weder etwas darüber erzählen, was ihn geprägt hat, wie seine Kindheit aussah, welche Neugier ihn beflügelt, was ihn antreibt, was ihn motiviert, noch darüber, welche Visionen er hat, welche Ideen, welche Wünsche, welche Persönlichkeit ihn letztlich ausmacht.

Und wie stellt man ihn sich jenseits der bekannten Porträtfotos vor? Ist er ein Mann mit ausladenden Gesten, lauter Stimme vielleicht, Respekt gebietend, dozierend, extrovertiert, unnahbar? Oder das krasse Gegenteil davon – leise, in sich gekehrt, in Gedanken versunken, wortkarg, unscheinbar, verschlossen?

Nichts von alledem lässt sich auf ihn eindeutig anwenden. Oder ist es von allem ein bisschen?

Ein freundlicher älterer Herr mit korrekt-eleganter Kleidung – Krawatte und Stecktuch farblich aufeinander abgestimmt – durchstreift mit mir bei jener Begegnung 2008 die Schätze aus der ehemals Fürstlich Fürstenbergischen Sammlung, die er größtenteils bereits im Jahre 2003 erworben hat. Interessiert ist er, manchmal selber noch staunend. Wir gehen an all diesen wunderbaren Bildern vorbei. Mal hält er inne, erzählt etwas zu einem Werk, tritt einen Schritt zurück, um das Bild auf sich wirken zu lassen oder die Hängung zu begutachten, einen besonders schönen Rahmen zu bewundern. Kein ungestümer Besitzerstolz ist da zu spüren, eher eine verhaltene Freude über einzelne Bilder, die zusammen mit so vielen anderen wichtigen Vertretern dieser spätmittelalterlichen Malkunst hier ihren Platz gefunden haben.

Eine Liebe auf den zweiten Blick, wie sich im Gespräch herausstellt, denn die Annäherung an diese Werke hat Zeit gebraucht. Zunächst sind ihm diese Bilder sperrig und unnahbar erschienen. Erst als die Tafeln frisch gereinigt aufgehängt worden waren, hat er begonnen zu schätzen, was er gekauft hatte. Er selbst beschreibt diesen Sinneswandel, indem er mit leicht schelmischem Lächeln seine Annäherung an die Alten Meister mit der Läuterung eines Gentleman vergleicht, der (s)eine Frau in neuem Lichte betrachtet: »Soeben dem Bett entstiegen, vielleicht noch mit Lockenwicklern im Haar, und dann kommt sie aus dem Bad, fein hergerichtet, schön gemacht, und aller Schrecken ist vergessen, und schon ist man neu verliebt.«

Die in der Goethe-Zeit zusammengetragene Fürstenbergische Altmeistersammlung hatte zum Verkauf gestanden und drohte, auseinandergerissen und in die ganze Welt verstreut zu werden. Das bedeutende Konvolut zu kaufen und dadurch zusammenzuhalten war nicht die impulsive Entscheidung eines Patrioten und Kunstenthusiasten.

Der bekennende Kaufmann Reinhold Würth war erst einmal sehr ernsthaft mit sich zurate gegangen und hatte darüber nachgedacht, wie und ob diese Nelken- und Veilchenmeister, diese Strübs und Haiders mit all ihren Heiligen- und Märtyrerdarstellungen überhaupt in sein Universum passen würden. Und er blieb auch nach dem Millionenkauf skeptisch bis zu eben jenem Tag, an dem

Johanniterkirche, Schwäbisch Hall

Prolog

Einblick in die Präsentation der Alten Meister mit der *Madonna des Bürgermeisters Jacob Meyer zum Hasen* von Hans Holbein d. J. in der Johanniterkirche, Schwäbisch Hall

die Alten Meister strahlend ihre schöne Gestalt zeigten und man sie nun seit November 2008 in der eigens für sie hergerichteten Johanniterkirche dauerhaft bewundern kann.

Eine säkularisierte Kirche aus dem 12. Jahrhundert, schlicht und schnörkellos. Auch sie vom Unternehmen Würth 2007 als zukünftige würdige Heimstatt für die Alten Meister gekauft und so genial wie behutsam in ein ansprechendes Museumsgebäude gewandelt. Ein Ort der Ruhe, der Kontemplation. Überschaubar in seinen Maßen, klar und doch wie aus der Zeit gefallen. Eine bestechende Einladung, in diesen ganz anderen Kosmos einzutauchen, fernab vom Gewusel der kleinen Stadt außerhalb der Kirchenmauern.

Erst die Heiligen, dann die Kirche – man könnte vermuten: sollte der Himmel einmal zum Verkauf stehen, er würde auch dafür ein Angebot vorlegen. Aber wohl nur, um auch darin im Falle des Falles Kunst auszustellen und allen zugänglich zu machen.

Es geht Reinhold Würth nicht darum, unzählige Kunstschätze anzuhäufen. Sie müssen finanziert werden können und einem Zweck dienen, der da heißt:

Allgemeingut sein, allen die Möglichkeit bieten, ihren Horizont zu erweitern, über den Tellerrand hinauszuschauen, sich daran zu erbauen.

Prolog

Sterne anschauen, bewundern und beobachten: Ja!
In den eigenen Visionen und Ideen immer wieder danach greifen: Ja!
Aber abheben und größenwahnsinnig werden? Ein klares Nein!
Wer bei allem Visionären die nüchternen Realitäten fest im Blick hat, verliert nicht so leicht den Boden unter den Füßen, und wer nach den Sternen greift, muss ausgeschlafen sein. Auch wenn er ihnen schon oft sehr nahe gekommen ist, denn *am* Himmel zumindest kennt er sich bestens aus. Den hat er schon

Reinhold Würth im Cockpit, 2003

oft erkundet. Damit verblüfft mich Reinhold Würth, als er mir seine weiteren Planungen am Tag des Interviews erläutert: Auf dem von ihm initiierten Adolf Würth Airport in Schwäbisch Hall steht eine Maschine bereit, um von ihm selbst am Abend gen Asien geflogen zu werden ...

Dieser elegante Herr mit der ruhigen, bedächtigen Stimme ist ein Weltbürger und doch ein fränkischer Kaufmann, ein Grandseigneur und doch ein bodenständiger Hohenloher, ein knallharter Unternehmer und doch ein mitfühlender Patriarch, einer der bedeutendsten Kunstmäzene, die wir in Deutschland haben, und doch einer, der nur als »Kunstsammler« bezeichnet werden will, weil »Mäzenatentum« so überkandidelt klinge.

Nach seiner Lieblingstugend befragt, gibt Reinhold Würth »Ehrlichkeit« an und als seine wichtigste Charaktereigenschaft »Bescheidenheit«. Früher hat er schon mal bei seinem alten Opel den Motor abgeschaltet, wenn's bergab ging, um Sprit zu sparen.

In Martin Walsers Roman *Angstblüte* ist das Leitmotiv des am Ende scheiternden Finanzberaters und Protagonisten Karl von Kahn »bergauf beschleunigen«. Ein Roman, der schon lange vor der aktuellen globalen Finanzkrise die Welt und Psyche der Investmentbanker und Anleger scharfsinnig beschrieben und durchleuchtet hat. Vorausschauend, visionär, wie auch Reinhold Würth das Finanzdesaster schon früh hat kommen sehen.

»Bergauf beschleunigen« – das ist nicht Reinhold Würths Maxime, denn er weiß, dass man so das Getriebe mit der Zeit kaputt machen würde, übermäßig Energie verbraucht, um zuletzt doch mit einem Motorschaden liegen zu bleiben.

Nein, das Motto seines Großvaters hat er sich auf die eigenen Fahnen geschrieben: »Tue recht und scheue niemand.«

Es gibt wohl nichts, was Reinhold Würth sich nicht zutraut, aber eben immer mit Weitblick und Augenmaß, mit Bescheidenheit und Respekt den Menschen und den Dingen gegenüber.

Ist das sein Geheimnis? Aber wie passt das alles zusammen? Sind da nicht jede Menge Widersprüche, die diesen Menschen ausmachen? Wie soll sich daraus die klare Linie des Erfolgs auf so vielen unterschiedlichen Ebenen entwickelt haben, die sein Lebenswerk bis heute prägt?

Wer ist dieser Reinhold Würth, der Ehrentitel auf sich vereint, die nicht mal mehr in eine Zeile passen?

Dieses Buch erhebt keinen Anspruch darauf, all diese Fragen vollständig zu klären. Im Gegenteil, ich habe versucht, einzelne Facetten eines Mannes, den ich kennenlernen durfte, wiederzugeben. Eindrücke, Begebenheiten, Momentaufnahmen, Rekonstruktionen, zusammengetragen aus seinen Erzählungen, aus Artikeln, Berichten, Reden, Laudationes, Einlassungen von Zeitzeugen, Weggefährten und nicht zuletzt aus meinen Empfindungen und Rückschlüssen.

Er ist ein Unternehmer, ein Familienmensch, ein Pilot, ein Motorradfahrer, ein Professor, ein Geiger, ein Kunstsammler, ein Kaufmann aus der hohenlohischen Provinz mit Dependancen in der ganzen Welt, dessen Mobiltelefon als Klingelton »Auf in den Kampf, Torero« intoniert ...

Und noch während wir an den Alten Meistern in der Johanniterkirche vorbeiflanieren, während ich ihn darüber erzählen höre und ihn beobachten kann, wie er sich Zeit nimmt, all das Besondere wahrzunehmen; wie er geduldig Fragen beantwortet, Fragen stellt oder zu genauem Hinsehen auffordert, rechts und links immer wieder Mitarbeiter des Museums registriert und begrüßt, um dann ohne Hast, aber bestimmt zum nächsten Termin zu eilen – da wird es mir klar:

Er ist vielleicht das, was man früher in der Zeit dieser Künstler, die hier ausgestellt sind, in der Zeit der Renaissance, einen »Uomo universale« genannt hat.

Er ist der Generalist, wie es ihn heute in dieser souveränen und gleichzeitig zurückgenommenen Art nur noch höchst selten gibt.

Er ist ein Mann, der mit all seinen widersprüchlichen Eigenschaften und Talenten etwas Großes geschaffen hat, ohne dabei den Blick fürs Detail zu verlieren.

Der Uomo universale

Annäherung an ein Phänomen

Lassen Sie uns kurz in die Vergangenheit schweifen, um zu klären, was es mit dem ursprünglichen Begriff des Uomo universale und den damit verbundenen Eigenschaften auf sich gehabt hat.

Zunächst müssen wir dafür unseren Blick in die Renaissance lenken: Typisch für jene Epoche ist der Gedanke an den Menschen als Einzelperson, als schöpferisches Individuum, als Persönlichkeit. Eine Entwicklung, die eng im Zusammenhang mit dem wirtschaftlichen Wandel und den politischen Erschütterungen in den italienischen Staaten des 14. Jahrhunderts steht, die in der Folge ganz Europa erfassen und ein neues Lebensgefühl entstehen lassen wird.
Nicht mehr ausschließlich Herkunft und Stand bestimmen den Wert des Menschen, hinzu kommen nun dessen Tüchtigkeit und Erfolg. An die Stelle der mittelalterlichen Vorstellung vom Menschen als einem reuigen Sünder, der nur aufs Jenseits hinlebt, wo er die Gnade Gottes zu empfangen hofft, tritt die Auffassung vom Menschen als einer mit schöpferischer Kraft begabten Persönlichkeit, die ihre Verwirklichung auch im Diesseits finden soll und kann. Eine Erkenntnis, die man aus den Schriften und Idealbildern der Antike gewinnt, die jetzt unter anderen Vorzeichen gelesen und betrachtet werden. Der Renaissance erscheint das in der Antike gewonnene Menschenbild bereits verwirklicht. Die Beschäftigung mit der antiken Kunst und Wissenschaft erlebt ihre Wiedergeburt.

Das Renaissance-Ideal des Uomo universale nun versteht unter dieser Bezeichnung wiederum eine einzelne Person, die umfassend gebildet und allseitig tätig ist. Sie ist in erster Linie Humanist, Kaufmann, Künstler, Patrizier, Bankier, Aristokrat, Wissenschaftler oder Kleriker, darüber hinaus aber noch viel mehr. Die Forderung nach geistiger und körperlicher Vollkommenheit ist verbunden mit Eigenschaften wie Selbstbewusstsein, Klugheit, Bildungsstreben, Realitätssinn, Kenntnis der Welt, mit musischer Bildung und Aktivität, Schönheitssinn, Tugend, Toleranz, Schöpfertum, Selbstdisziplin, Fleiß, Gewandtheit, körperlicher Kraft und manchmal auch Frömmigkeit.

Spätere Zeiten haben darin immer wieder den grandiosen Entwurf der vollen Entfaltung menschlicher Möglichkeiten gesehen. Er richtet sich gegen die Einschränkungen und Spezialisierungen, wie sie im spätmittelalterlichen Zunftwesen der europäischen Städte festgeschrieben worden sind. Natürlich konnte man noch nicht absehen, dass die Dynamik einer von solchen Regelungen befreiten Gesellschaft zu neuen, noch viel weitreichenderen und engeren Spezialisierungen führen würde. In dieser Phase erhoffte man sich aus der individuellen Überwindung der Spezialisierung einen Impuls für die gesellschaftliche Entwicklung, sodass durch neue Ideen und Erfindungen des Uomo universale das Leben aller erträglicher und angenehmer gestaltet werden könnte.

Eines hat man dabei aber, wie die Geschichte uns lehrt, außer Acht gelassen: Die Beispiele, auf die als Verwirklichung dieses Renaissance-Ideals immer wieder hingewiesen wird, zeigen bei näherem Betrachten, dass die unterschiedlichsten Fähigkeiten einer Person einander nicht unbedingt harmonisch ergänzen, sondern den ach so umfassend befähigten Menschen selber oft in große Widersprüche verstrickt haben.

So behaupten einige Biografen über Leonardo da Vinci (1452–1519), der als Maler, Bildhauer, Architekt, Anatom, Mechaniker, Ingenieur und Naturphilosoph und damit als der größte Universalgelehrte seiner Zeit in die Annalen eingegangen ist, dass der Künstler in ihm durch den Forscher und Erfinder an seiner Entwicklung gehindert worden und schließlich gänzlich zum Verstummen gebracht worden sei.

Ein wichtiger Wesenszug des Uomo universale ist zu allen Zeiten das Vorausschauen, das Antizipieren gewesen, auch wenn – wie in diesem Falle – Leonardo da Vinci klar gewesen sein dürfte, dass viele seiner Erfindungen, seiner Entwürfe von Wunderwaffen oder Gebäuden nie in die Realität umgesetzt werden würden. Sein Selbstbewusstsein ist durch Selbstkritik ausbalanciert worden.

Von Leonardo selber wissen wir, dass er seine Möglichkeiten als Fluch und Segen zugleich empfunden hat: »Ganz wie ein Königreich in sein Verderben läuft, wenn es sich teilt, so verwirrt und schwächt sich der Geist, der sich mit zu vielen Themen beschäftigt.« Und doch hat er gleichzeitig erkannt: »Durch verworrene und unbestimmte Dinge wird nämlich der Geist zu neuen Erfindungen wach.«

So repräsentiert Leonardos schöpferische Neugier den Aufbruch aus einer Epoche fragloser Jenseits-Gewissheit in die moderne Zeit der Erforschung der Rätsel des Diesseits. Er, der vom Künstler zum Wissenschaftler geworden ist, hat verstanden, dass Versuch und Irrtum den Weg markieren, der gemeinhin als das Ziel gilt.

Demgegenüber schreiben einige Biografen, dass der italienische Bildhauer, Maler, Dichter und Architekt Michelangelo Buonarotti (1475–1564) seine Gegensätze stärker nach außen hin ausgelebt habe und dadurch mit Freunden und Förderern immer wieder in Konflikt geraten sei. Kein Wunder, hat er doch alte Grenzen gesprengt und ist weit in neue Dimensionen vorgedrungen.

Es wird von den einen kolportiert, dass der Zeitgenosse Leonardos Autoritäten verachtet habe und sein Gesicht nach einer Prügelei entstellt gewesen sei. Andere wiederum haben ihm den Beinamen »il divino« – der Göttliche – gegeben, der vom Erzengel Michael am Jüngsten Tage zur Rechten des Herrn platziert werden würde. Ein weiterer Zeitgenosse, der Künstler Raffael (1483–1520), hat ihm attestiert: »Du gehst immer einsam wie ein Henker…« Eine Persönlichkeit, die ihrer Zeit weit voraus war, ein Mann, zerrissen zwischen Realität und seinen eigenen Visionen.

Noch schlimmer spielen die besonderen Fähigkeiten mit dem Schicksal des 1500 in Florenz geborenen Bildhauers, Goldschmieds, Medailleurs, Schriftstellers und Musikers Benvenuto Cellini, der gar in mehrere Totschlagsdelikte verwickelt gewesen sein soll. Sein turbulentes Leben hat für die gleichnamige Oper von Hector Berlioz Pate gestanden, die 1838 in Paris uraufgeführt wurde. Sogar der 2012 verstorbene amerikanische Künstler Mike Kelley hat Benvenuto Cellini in eine Reihe von Porträts aufgenommen, die große Persönlichkeiten und ihren Hang zur Kriminalität aufzeigen.

Alle drei genannten Genies der italienischen Renaissance sind Personen, die dem Ideal des Uomo universale voll und ganz entsprochen haben und doch – oder gerade deswegen – jeder auf seine Art an den überhöhten Produktivitäts- und Kreativitätserwartungen zerbrochen sind oder problematische Persönlichkeitsbilder entwickelt haben.

Bei allen Zweifeln, die einen Universalgelehrten umtreiben und umgetrieben haben, die ihn zerrieben haben mögen, ihn sich als Spielball seiner eigenen Möglichkeiten haben wahrnehmen lassen – etwas Besonderes ist dem Uomo universale eigen, was es in Zeiten der Spezialisierung vermehrt geben muss: In der Lage zu sein, praktisches Können und theoretische Reflexion in einer Person zu vereinen, nicht bloß auf einem speziellen Gebiet, sondern in der Durchbrechung dessen, was man gemeinhin Spezialistentum nennt.

Der Universalmensch, wie wir ihn uns heute wünschen, ist gebildet und lernwillig, hinterfragt Dinge und rückt den Menschen an sich in den Mittelpunkt. Er ist aufgeschlossen und glänzt durch kluges, vorausschauendes Denken, Handeln und Planen. Vielleicht entspricht ihm auch die Entwicklung des im beschriebenen Sinne reflektierten Menschen, der gelernt hat, Empirie mit wagemutigem Entdeckergeist zu vereinen und im Zusammenschluss aus handwerklicher Solidität und kaufmännischer Schläue das Selbstgefühl des universellen Menschen bis in unsere Gegenwart zu prägen.

Unter diesen Prämissen und mit einer Verbeugung vor den skizzierten Größen der Renaissance können wir einen Mann wie Reinhold Würth wohl mit Fug und Recht ebenfalls einen Uomo universale nennen. Einen Uomo universale des 20. und 21. Jahrhunderts.

Wir brauchen sie heute dringlicher denn je, die Menschen, die mit Weitblick agieren, die nicht nur ein kurzfristiges Geschäft im Sinn haben und darüber vergessen zu planen, vorauszuschauen; wir brauchen diejenigen, die Visionen haben und Utopien entwerfen, um sich an ihnen zu orientieren. Wir brauchen diejenigen, die den Menschen in den Mittelpunkt rücken, die wissen, dass in der Regel nur ein geschätzter Mitarbeiter auch ein guter und motivierter Mitarbeiter ist.

Wir brauchen die Unternehmer, die neben ihren Bilanzerfolgen nicht außer Acht lassen, was die Persönlichkeit des Mitarbeiters ausmacht, die ihn positiv beeinflussen, ihn fördern und ermutigen, sein Potenzial auszuschöpfen, für sich und für die Institution, in der er arbeitet. Wir brauchen Menschen wie Reinhold Würth, der für sein unternehmerisches Wirken zahlreiche Preise und Ehrungen erhalten hat und der sich neben seinem beruflichen Erfolg immer auch für die Förderung der Kunst, der Kultur, des Sports, der humanitären und sozialen Projekte eingesetzt hat.

Reinhold Würth war immer bewusst, dass die Art und Weise, wie die Menschen in seinem Unternehmen geführt und behandelt werden, über dessen Erfolg mitentscheidet, dass Ausbildung, kontinuierliche Qualifizierung, die stetige Erweiterung des Horizonts, das »Über-den-Tellerrand-Schauen« Garanten dafür sind, dass Menschen sich weiterentwickeln und sich für neue Ideen begeistern lassen, dass sie so mit Leidenschaft die privaten wie die beruflichen Dinge in Angriff nehmen.

Und dabei wird der Auseinandersetzung mit Kunst ein besonderer Stellenwert beigemessen. Kunst kann die Seele nähren, das Herz erwärmen und doch auch den Geist mit sperrigen Inhalten provozieren. Kunst vermag anregende Verunsicherung und widersprüchliche Emotionalisierung gleichermaßen herzustellen, Kunst kann heilsam sein und aufwühlend, Kunst trifft immer auf ein individuelles Gegenüber, Kunst stellt für Kopf und Herz eine Herausforderung dar.

Nicht nur das Kunstsammeln als persönliche Leidenschaft eines wohlhabenden Mannes ist hier zu nennen, sondern sein Wille und die Überzeugung, diese Kunst nicht als seinen privaten Besitz zu betrachten, sondern andere daran teilhaben zu lassen.

Gerhard Schröder, der ehemalige deutsche Bundeskanzler, beschrieb dieses »wohlverstandene Mäzenatentum eines florierenden Unternehmens« in einer Rede anlässlich der Eröffnung der Kunsthalle Würth in Schwäbisch Hall im Jahre 2001 als »Ausdruck von Verantwortung gegenüber der Kunst und gegenüber den Menschen«.

Denn: »Der Mensch lebt nicht vom Brot allein«, so steht es schon in der Bibel, und Reinhold Würth hat innerhalb seines Lebenswerks nicht nur die soziale Verantwortung übernommen, die dieses Sprichwort impliziert, sondern er hat den Begriff um eine kulturelle Dimension erweitert.

Wie aber wird man über die Jahrzehnte zu dem, was man am Ende ist? Woher rühren stetige Antriebskraft, Weitsicht, Weltoffenheit und Verlässlichkeit, nicht nachlassender Lerneifer, nicht erlahmendes Interesse? Sind sie einem in die Wiege gelegt, sind sie Begleiterscheinungen einer bestimmten Entwicklung und Umgebung? Sind es gar hellseherische Fähigkeiten, die Prognosen und Planungen in Zehnjahresschritten zur erfolgreichen Realität werden lassen?

Reinhold Würth zitiert dazu gerne Aristoteles: »Es zeichnet einen gebildeten Geist aus, sich mit jenem Grad an Genauigkeit zufriedenzugeben, den die Natur der Dinge zulässt, und nicht dort Exaktheit zu suchen, wo nur Annäherung möglich ist.«

Auf seine Belange bezogen, bedeutet das in seinen Worten:

»Ich weiß nicht, ob man es hellseherisch nennen kann, wenn die Dinge argumentativ unterlegt sind. Ich meine, ein Hellseher ist eher ein Weissager, der meist unbegründet, aufgrund von Träumen oder sonstigen himmlischen Eingebungen, irgendwelche Prognosen macht. Das kann man bei uns so, glaube ich, nicht sagen. Wir arbeiten mit einer gut belegten Prognose, wir haben den Markt, wir haben das Geld, wir haben den Nachschub, wir haben die Menschen – kurz, es ist alles da. Wenn es dann nicht funktionieren würde, dann läge es einzig und allein an den Brettern vor den Köpfen!«

Sicher ist es auch die Überzeugung, dass das Funktionieren eines Systems nicht als zeitüberdauerndes Gesetz angesehen werden kann. Wendigkeit und Kreativität sind wichtige Begleiter im Umdenken und Neusortieren.

Was Reinhold Würth ausmacht, ist sicher alles zusammen, die Lust am Erfolg, die Freude am Siegen, die Bescheidenheit und Demut dem Leben gegenüber, von dem man nicht verlangt, sondern erbittet. In dem man überlegt, vorausschaut, aber nicht fest kalkuliert. Für das man Visionen entwickelt und danach handelt, aber nicht zum Unmöglichen greift, sondern sich Schritt für Schritt selber herausfordert, die Messlatte jedes Mal ein wenig höher hängt und andere dabei motiviert, den nächsten Klimmzug mitzumachen.

Ich habe Reinhold Würth einmal gefragt, ob das Geheimnis seines Erfolges auf allen Ebenen auch darin bestehe, visionär, aber eben doch gewissenhaft zu denken, zu planen, ohne schon im Vorhinein übermütig zu kalkulieren. Auch Kunst zu befördern und auszustellen, in mittlerweile 15 Museen, ohne damit zu rechnen, dass diese Idee eine so große Dimension annehmen, so hohe Wellen der Anerkennung schlagen würde.

Er hat schmunzelnd geantwortet: »Das ist schon richtig. Ich werde oft gefragt: Lohnt es sich überhaupt für ein Wirtschaftsunternehmen, eine dreistellige Millionensumme in Kunst zu investieren? Für dieses Geld könnte man ja Fabriken bauen, Firmen kaufen und so weiter. Meine Antwort lautet immer: Diese Frage kann ich nicht beantworten, denn ich weiß es nicht. Aber indirekt kann ich sie natürlich schon beantworten: Vor vierzig Jahren war Würth auf dem Befestigungsteilemarkt ein Nobody, wir waren Händler wie tausend andere auch. Nachdem wir heute anerkanntermaßen Weltmarktführer sind, kann also die Kunst zumindest nicht geschadet haben.«

Diese Aussage trifft ein Mann, dem dieser schillernde Werdegang nicht vorausgesagt worden ist, denn sein Lebensweg erfährt eine Wende durch den jähen Tod des Vaters, in dessen Fußstapfen er mit 19 Jahren treten muss, um die Familie zu ernähren. Er übernimmt die kleine Schraubenhandlung, in die er nach dem Willen des Vaters mit 14 Jahren als Lehrling eingetreten war. Eigentlich hatte er schon früher begonnen mitzuarbeiten, denn bereits als Bub von 10 Jahren hilft er, Schrauben zu verpacken und diese zum Bahnhof zu bringen. Bis zu seinem Tod kurz vor dem Weihnachtsfest im Jahre 1954 hat Adolf Würth für das Auskommen der kleinen Familie gesorgt. Nun ist Reinhold, nicht einmal volljährig, zu dem Zeitpunkt ganz auf sich gestellt. Ob er will oder nicht, ist dabei keine Frage, etwaige andere Lebensentwürfe traute man sich gar nicht zu haben. Reinhold Würth beschreibt es so:

»Das war damals nicht wie heute. Wenn der Vater gesagt hat, so wird's gemacht, dann wurde das halt so gemacht. Man hat sich keine großen Gedanken gemacht, was man selber will oder nicht. Ich stand ja auch in der Verantwortung, denn es war niemand da, der Geld ins Haus bringen konnte. Da fragen Sie nicht lange nach Lebensideen und Firlefanz, da sind Sie eben dran, das Überleben der Familie zu sichern.«

Als Reinhold Würth die kleine Firma übernahm, lag der Jahresumsatz bei 150.000 D-Mark. Heute, 60 Jahre später, sind es über 10 Milliarden Euro.

Es lohnt sich, einen genaueren Blick auf die Biografie von Reinhold Würth zu werfen, auf seine Kindheit, seine Jugend, seine Erlebnisse, seine Eindrücke, die Situationen und Menschen, die ihn beeinflusst und geprägt haben und die sich in manchen der Kunstwerke, die Reinhold Würth seit 1971 so akribisch wie leidenschaftlich sammelt, widerspiegeln.

Momentaufnahmen im Leben von Reinhold Würth

Der Immerschöne

Es ist der 20. April 1935, ein Samstag mit Frühlingstemperaturen: In Öhringen im Südwesten des Landes, wo Adolf Würth bei der Firma Gebrüder Reisser beschäftigt ist, wird Reinhold als Sohn von Adolf und Alma Würth geboren, unberührt vom Weltgeschehen.

Im weit entfernten Berlin feiert Adolf Hitler seinen Geburtstag und lässt sich als Mann des Volkes preisen. Hoch im Norden sitzt vielleicht Emil Nolde vor

Emil Nolde
Wolkenspiegelung in der Marsch,
um 1935
Sammlung Würth,
Inv. 3

seiner Arbeit an der *Wolkenspiegelung in der Marsch,* um das Bild bald fertigzustellen. Seit Hitlers Machtergreifung leidet der Künstler unter immer größeren Einschränkungen, zwei Jahre später wird man viele seiner Werke in der Schmähschau »Entartete Kunst« ausstellen, 1941 verbietet ihm die Reichskunstkammer das Malen grundsätzlich.

Das Meer und seine Wolkenspiegelungen sind es, die Nolde immer wieder faszinieren, Schatten, Akkorde in Orange, Grün und Blau. Farben sind für ihn wie Töne, er malt seine Bilder fast intuitiv und komponiert sie wie Seelenlandschaften, in die man eintauchen und in denen man sich wiederfinden kann, wenn man seinem Farben-Klang vertraut.

Wolkenspiegelung in der Marsch ist bezeichnenderweise das erste Werk in der Sammlung Würth. Tiefe Emotionalität, Hingabe an die Elemente, starke Akzente in der Farb- und Tongebung, ein Bild, das einen in seinen Bann zieht.

Im Zusammenhang mit den 1930er-Jahren fällt der Blick gleich auch auf André Masson, der mit mehreren Werken in der Sammlung Würth vertreten ist. Er war eine der Schlüsselfiguren des Surrealismus, und einige von jenen

André Masson
Les insectes matadors (Stierkämpfende Insekten), 1936
Sammlung Würth, Inv. 7912

Arbeiten, die in den Jahren 1935 bis 1939 entstanden sind, geben Facetten der Themen wieder, die dieser Richtung nahelagen:

Seine Insekten bewegen sich tänzelnd, geschmeidig wie Matadore in der Arena, sie stehen im Kampf um Leben und Tod, und doch haben diese Figuren etwas Leichtes, Mystisches, Erotisches. Masson schöpft aus den Dimensionen des Unbewussten, wo sich Traumata und Obsessionen abgelagert haben. Fantasie, Leidenschaft und Kampf, drei Dinge, die sich ergänzen, vielleicht sogar bedingen.

Zweimal zieht die Familie Würth in diesem Zeitraum um, den Notwendigkeiten des Berufs von Adolf Würth wie Zuganbindung oder Firmenverlagerung folgend, bis sie sich 1937 in Künzelsau niederlässt.

Sesshaftigkeit, auch das ist ein markanter Zug im Leben des Reinhold Würth, denn von hier aus wird er einige Jahre später die kleine Firma seines Vaters zu Weltruhm bringen.

Als Sinnbild für Bodenständigkeit, für Herkunftstreue, für Verwurzelung gilt vielen Menschen eine Kirche, maßgeblich auch für die gläubige Familie Würth.

Reinhold Würth als Dreijähriger, der das Zugfahren nachspielt, 1938

Momentaufnahmen im Leben von Reinhold Würth

Lyonel Feininger
*Gelbe Dorf-
kirche III*, 1937
Sammlung Würth,
Inv. 4244

Jean Fautrier
*Bouquet de fleurs
(Blumenstrauß)*,
1938
Sammlung Würth,
Inv. 8041

Die *Gelbe Dorfkirche* von Lyonel Feininger ist ein Gemälde im Stil des Kubismus, der zu Beginn des 20. Jahrhunderts für eine enorme Entwicklung in der modernen Kunst sorgt. Feininger, früher auch Lehrer am Bauhaus in Weimar, beschäftigt sich mit der Darstellung von Architektur, insbesondere von Kirchen. Sie sind für ihn Symbole menschlicher Kultur und geistiger Kraft. Einer Kraft, die für viele Menschen Motor ist. So wie die Schönheiten der Natur: Wälder, Bäume, Blumen. Ein lichter Strauß ist das Motiv des 1938 entstandenen Gemäldes von Jean Fautrier.

Pablo Picasso
Fillette couronnée au bateau
(Bekröntes Mädchen mit Schiff), 18. 6.1939
Sammlung Würth,
Inv. 4718

Die Schönheit und Individualität von Menschen ist durch Pablo Picasso, die wohl prägendste Figur in der Kunst des 20. Jahrhunderts, in ganz neue Dimensionen gebracht worden. Er genießt Weltruhm und stößt doch immer wieder auf Ablehnung. Auch Werke aus der Sammlung Würth wie etwa das *Bekrönte Mädchen mit Schiff* werden noch Jahre nach seiner Entstehung als Provokation empfunden.

Das *Bekrönte Mädchen* ist ein vordergründig einfaches Bild, zusammengesetzt aus geometrischen Grundformen und einem Gesicht, das von vorne und von der Seite zu schauen scheint. Ein Kinderbild, verstörend, betörend, mit verspielter Freude ausgestattet, und doch so ganz und gar radikal und erwachsen.

Wie mag sie gewesen sein – die Erlebniswelt eines Sechsjährigen, der in der Volksschule Künzelsau eingeschult wird, der die Tragik und brutale Entwicklung des Zweiten Weltkriegs gar nicht nachvollziehen kann. Für den Bombenalarm und verstörte Menschen zur Alltagssituation gehören? Eine Parallelwelt, die für einen Jungen seines Alters nur hin und wieder bedrohlich wirkt. Farben spielen eine Rolle, das Spielen auf der Straße, Abenteuer im Wald, Hinterhofkonstruktionen, die Welt im Kleinen.

Die Welt hält in diesen Zeiten den Atem an, alles scheint in Flammen aufzugehen, die Geschwister Hans und Sophie Scholl aus dem nahe gelegenen Ort Forchtenberg im hohenlohischen Kochertal werden wegen ihrer Protestaktionen gegen die Nationalsozialisten in München hingerichtet. Andernorts versuchen Menschen mit ihrer Kunst ihre Ohnmacht zu bewältigen, das Erlebte zu verarbeiten, Appelle an die Menschlichkeit zu richten.

Die Skulptur von Hans Arp aus dem Jahre 1942 scheint diese Extreme zu spiegeln, sie wirkt wie statisch und doch voller Bewegung, wie angstvolles Erstarren und doch Hoffnung bewahrend.

Ende Februar/Anfang März 1941 nimmt der Vater Frau und Sohn mit auf eine Reise nach Wien, wo er als Prokurist im Außendienst für die Firma Reisser zu tun hat. Es liegt Schnee in Wien, mannshohe Schneeberge aus der Sicht eines knapp Sechsjährigen. Am 1. März gibt Adolf Hitler im Schloss Belvedere einen Empfang zusammen mit dem damaligen italienischen Außenminister Gian

Hans Arp
*Géométrique-agéométrique
(Geometrisch-ageometrisch)*, 1942
Sammlung Würth,
Inv. 2609

Galeazzo Ciano Graf von Cortelazzo, dem Schwiegersohn Benito Mussolinis, und dem bulgarischen Premierminister Bogdan Filov, um den Beitritt Bulgariens zum Drei-Mächte-Pakt zu feiern. Auf beiden Seiten der Straßen stehen die Menschen in Sechserreihen, um den Führer zum Schloss fahren zu sehen. Als die Wagenkolonne in schneller Fahrt vorbeizieht, jubelt ihm die Masse frenetisch zu. Am Straßenrand steht auch die Familie Würth, abgedrängt in die hinteren Reihen. Adolf hebt Reinhold hoch über die Köpfe der Menschen, damit er ein bisschen vom Spektakel sehen kann. Aber Hitler ist zu schnell, Reinhold hat ihn nicht zu Gesicht bekommen. Dem Jungen macht es nichts aus, die Freude über ein Paket mit Wurstwaren aus eigener Hausschlachtung vom Großvater aus Ilsfeld kurz zuvor wird ihm von dem Aufenthalt in Wien in viel tieferer Erinnerung bleiben.

Alma Würth ist eine resolute Frau. Geboren 1913 in Uelzen, im Norden Deutschlands, nimmt sie bis zu ihrem Lebensende im Jahr 2006 nie den Hohenloher Dialekt an. Als Bub kommt Reinhold einmal in der Pause nach Hause und erklärt der verdutzten Mutter in tiefstem Hohenlohisch: »Jetzt hat's glei halbe zeine g'schloche!« Für diese Feststellung kassiert er rechts und links eine Ohrfeige, denn die Mutter will, dass er in guter norddeutscher Manier sagt, es habe »halb zehn geschlagen«, und sie nicht mit diesem unverständlichen Kauderwelsch belästigt.

Alma und Adolf Würth mit Reinhold beim Besuch von Schloss Schönbrunn, 1941

Doch alle Strenge und Konsequenz hindern sie nicht daran, ihre ganze Liebe dem Erstgeborenen zu geben, der sie neun Jahre lang für sich alleine hat, bis durch die Geburt des zweiten Sohnes Klaus-Frieder 1944 ein Konkurrent zur elterlichen, vor allem mütterlichen Liebe auftritt. Doch da ist das Verhältnis von Mutter und Reinhold schon mit allen emotionalen Schrauben bruchsicher befestigt.

Reinhold liebt seine Mutter sehr, und sie verwöhnt ihn so gut es ihre Überzeugung und Strenge zulassen, in manchen Dingen mehr, als dem Jungen lieb ist.

Das Geld ist knapp im Hause Würth, der Vater müht sich redlich, erst bei der Firma Reisser, später bei der Maschinenfabrik Zinser den Unterhalt für seine Familie aufzubringen. Für eine Zweigstelle von Zinser geht der Vater als kaufmännischer Leiter 1942 nach Hagnau ins Elsass, was ihn zwar räumlich von seiner Familie entfernt, ihn aber in seiner Funktion zumindest als »unabkömmlich« klassifiziert. Damit bleibt ihm der Kriegseinsatz endgültig erspart. Einige Zeit zuvor hatte man ihn für drei Tage zur Musterung in die Kaserne nach Bad Mergentheim befohligt, ihn aber wegen eines vermuteten Herzfehlers mit der Bewertung »gvH: garnisonsverwendungsfähig Heimat« wieder zurückgeschickt.

Seit September 1941 geht Reinhold Würth also in die Schule. Die Fahrbahn des kurzen Weges zu seiner Schule ist geteert, die Bürgersteige sind roh und lehmig. Sein Klassenzimmer liegt auf der der Kocher zugewandten Seite im Erdgeschoss. Es ist ein Kinderlied, an das er sich von der ersten Schulstunde erinnert. Beigebracht hat es den ABC-Schützen die Lehrerin Fräulein Munder. Und alle singen:
»Auf uns'rer Wiese gehet was, watet durch die Sümpfe…«
Noch heute muss Reinhold Würth darüber lachen, dass sich solche Kleinigkeiten bis ins hohe Alter ins Gedächtnis eingebrannt haben.
Nur 200 Meter liegt die elterliche Wohnung vom Schulgebäude entfernt, im ersten Stock des Hauses Austraße 13 in Künzelsau. Alma ist eine geschickte Schneiderin. Es ist eine karge Zeit, der Krieg tobt allerorten, auch wenn man im Hohenlohischen davon – noch – nicht viel mitbekommt. Reinhold wird dennoch herausgeputzt und mit allem möglichen Pomp ausstaffiert. Der Junge muss anziehen, was die Mutter voll Eifer für ihn erdacht und genäht hat. Reinhold selber empfindet sich »aufgerüstet wie einen Christbaum« und mag seine Kleider nicht, zumal er damit den Spott der Klassenkameraden auf sich zieht.
Als Höhepunkt seiner ungewollten Modelkarriere in der Schule erinnert er sich an einen knallblauen Russenkittel mit weiß gestickten Ornamenten und Bordüren am Hals, der bis zum Knie reicht und einen Ausschnitt bis zum Brustbein aufweist. Schnell hat Reinhold seinen Spitznamen bei den Klassenkameraden weg – »Der Immerschöne«.

Reinhold kann der Schulzeit nichts Schönes abgewinnen. Kein Lehrer, keine Lehrerin ist pädagogisch so begabt, dass sie bei ihm Enthusiasmus für den Schulalltag auslösen könnten. Vielleicht das Fräulein Sailer in der zweiten Klasse, doch die ist eine stramme Nationalsozialistin, obwohl oder weil sie zwei Söhne im Krieg verloren hat.

Während eines Ausflugs zu Fuß von Künzelsau die Katzenklinge hinauf nach Hermersberg tritt die Klasse mit Frau Sailer aus einem Wald und macht halt an einer Eiche. Mit Stolz und Pathos in der Stimme bezeichnet die Lehrerin diesen stattlichen Baum als »Adolf-Hitler-Eiche«. Reinhold kann sich eine kleine, freche Bemerkung zu den glänzenden Augen der Frau Sailer im Angesicht der Adolf-Hitler-Eiche nicht verkneifen – und kassiert dafür die ihm schon bestens bekannten Backpfeifen von der Hitler-Verehrerin.

Den Weg Richtung Hermersberg setzen die Schüler am Waldrand entlang fort, um den Jagdflugzeugen nicht als Ziel zu dienen.

Reinhold ist kein schlechter Schüler und kein guter, er schwimmt im Mittelmaß und kann dafür im Geometrieunterricht hin und wieder glänzen. Verhaltenes Lob von der Lehrerin gibt es etwa für die korrekte Beantwortung der Frage: »Wie findet man den zunächst unbekannten Kreismittelpunkt?« Antwort: »Man lege zwei Sehnen in den Kreis und errichte darauf das Mittellot. Im Schnittpunkt ist das Kreiszentrum«…

Reinhold lebt in enger Symbiose mit seiner Mutter, wohlbehütet, der Vater ist beruflich unterwegs, doch der Junge weiß durchaus, wie er für sich kleine Fluchten findet.

»Die Mutter ist eine warme Milch – aber eine, in der man ertrinkt« – sagt März im gleichnamigen Theaterstück von Heinar Kipphardt.

Ein Ausflug nach Schloss Stetten soll es sein. Fünf andere Drittklässler sind von der Idee Reinholds begeistert und treffen sich mit ihrem gleichaltrigen Anführer morgens wie verabredet zur Wanderschaft. Die sechs haben sich Holzprügel zurechtgeschnitzt, es sind bereits einige »Fremdarbeiter« gesichtet worden, und man will für jegliche Art von Übergriffen gerüstet sein. Fröhlich pfeifend zieht der kleine Tross auf der rechten Kocherseite in Richtung Schloss Stetten. Herrlich ist es an der frischen Luft, waghalsig fühlt man sich, mutig und frei.

Natürlich hat man zu Hause erzählt, dass es sich bei dieser Wanderung um einen Schulausflug handele. Niemals hätte man in diesen wirren Zeiten sechs Neunjährige alleine ziehen lassen. Es wird später als gedacht, als der Trupp wieder nach Hause zurückkehrt. Freudestrahlend will Reinhold der Mutter berichten, dass es ein toller Ausflug gewesen sei, als sie seine Begeisterung auch schon mit ein paar schallenden Ohrfeigen pariert und alle gute Laune zunichtemacht. Die Mutter eines anderen heimlichen Ausflugteilnehmers hat am Abend aus Sorge über die späte Heimkehr der Jungen bei Alma Würth vorgesprochen, und dabei ist ihnen aufgegangen, dass dieser Ausflug wohl auf Reinholds Initiative zurückging und dass weit und breit keine Lehrerin dabei gewesen sei …

Das Weggehen fällt schwer, wenn es für länger und nicht selbst gewählt ist.

Die Eltern planen einen kleinen Urlaub und bringen Reinhold zu den Großeltern nach Ilsfeld. Als der Junge realisiert, dass er dort ohne Vater – und vor allem ohne Mutter – bleiben soll, rennt er über Stock und Stein, jede Abkürzung nehmend, die er kennt, hinunter zum Bahnhof. Gerade in dem Moment fährt der Zug mit den Eltern Richtung Schönmünzach ab, die Mutter sieht ihn rennen, winkt noch, tränenüberströmt, ein herzzerreißender Abschied für den Moment, den Reinhold bei den Großeltern bald jedoch vergessen haben wird.

Der Großvater – er hat einen wunderbar gezirkelten Kaiser-Wilhelm-Bart, horizontal nach außen gekehrt mit einer üppigen Locke am Ende. Vielseitig ist der Großvater in Ilsfeld: Er ist Bauer und mäht zusammen mit seinem Enkel in diesen auferlegten Ferien frühmorgens frisches Futter für die Kühe. Sie gehen dazu auf eine Wiese, etwas nordöstlich vom Bahnhof. Der Großvater mit dem wuchtigen Schnauzbart mäht in ausladenden Schwüngen das noch nasse Gras, das sie dann aufs Kuhfuhrwerk wuchten und nach Hause fahren, Reinhold, der stolze Helfer, sitzt auch auf dem Kutschbock. Es sind Männerarbeiten, die sie erledigen, genauso wie das Lesen der Weintrauben im Gewann Rappen, wo sie die Weintrauben zusammentragen und in große Bottiche verladen.

Egal, welche Jahreszeit herrscht, wenn Reinhold bei den Großeltern ist, übernachtet er im »Kämmerle« unter dem Dach, einem kleinen Raum ohne jegliche Heizmöglichkeit. Kalt ist es dort, im Winter eiskalt, aber es gibt eine riesige Bettdecke, ein Plumeau, und dazu legt die Großmutter ihm eine wunderbar warme Bettflasche ans Fußende. Und am Morgen kommt sie wieder in die Eisstube, weckt ihren Enkel und serviert ihm eine große Tasse warme Milch, dazu ein Brot, dick mit Butter bestrichen und mit Backsteinkäse belegt.

Herrliche Kinderwelt.

In ihrem Hause betreiben die Großeltern neben der Landwirtschaft und Winzerei noch eine Weinwirtschaft und der Großvater fungiert gleichzeitig als Kassenhalter der Württembergischen Landessparkasse, der späteren Landesgirokasse und heutigen Landesbank Baden-Württemberg. Er ist ein korrekter Geschäftsmann, der mit wunderbar schnörkeliger Schrift die Ein- und Auszahlungen in die Sparbücher eingetragen hat. Reinhold besitzt schon ein solches Sparbuch und bringt deshalb sein Sparschwein mit nach Ilsfeld, um vom Opa die Ersparnisse so schön wie eindrucksvoll eingetragen zu bekommen.

Wie viele Pfennige und Mark hat so ein kleiner Junge gespart? Nicht viel, aber für ihn ist es ein Schatz.

Umso enttäuschter ist er, als er bei einem späteren Besuch mit den Eltern in Ilsfeld entdeckt, dass sein ganzes Kleingeld nicht ins Sparbuch eingetragen worden ist wie erwartet, sondern als Wechselgeld in die Weinstube geflossen ist. Man hat ihn betrogen; so hart hat er das ganze Jahr gespart, jeden Pfennig umgedreht, um ihn ins Sparschwein werfen zu können. Und ausgerechnet der Großvater mit der schönen Schrift hat sein Geld veruntreut, so kommt es ihm vor. Die Eltern verstehen den Zorn ihres Sohnes und reisen frühzeitig mit ihm ab.

Zauberkünstler

Reinhold ist kreativ, genießt das Kinderleben zwischen Feldern, Scheunen und Schluchten, trifft sich mit Freunden, gründet zusammen mit diesen und seinem Freund Hans Burkert den Zirkus Wäldle. In der Scheune hinter der Metzgerei Rose Breuninger schlagen sie ihr Übungsquartier auf und studieren Zauber- sowie Turnkunststücke ein. Es gibt sogar ein »Tötemesser«, dessen Klinge sich beim Aufsetzen in den Schaft zurückzieht. Man kann also damit die Illusion erwecken, einem Mitspieler das Messer tatsächlich in seine Eingeweide gestoßen zu haben. Oder den tennisballgroßen Plastikball, der zur einen Hälfte weiß und zur anderen grün ist, dazu gehört eine die Ballhälfte umspannende Halbkugel in roter Farbe. Wenn man diese Halbkugel geschickt dreht und wendet, verändert sich für den Betrachter die Farbe des Balls ins Sekundenschnelle.

In der Scheune hinter der Metzgerei Rose Breuninger kommen all diese Utensilien bei einer Zauber- und Turnvorführung zum Einsatz. Immer wieder mal dürfen die Jungs auch im Kino des ehemaligen Hotel Rappen, das sich südöstlich der Kocherbrücke befindet, ihre Kunststücke einem größeren Publikum zeigen. Die Bevölkerung zeigt sich begeistert.

Tierzüchter

Es gibt ein Hasenpärchen, das Reinhold füttern und versorgen darf. Sie sollen es gut haben, und so gibt der Junge ihnen eines Tages neben Heu und Stroh auch eine Portion von seinem Sonntagsessen ab, Sauerbraten mit Spätzle. Das bekommt den jungen Hasen überhaupt nicht, und schon bald sterben sie an der Trommelsucht. Reinhold versucht die Fehler bei der Hasenfütterung wettzumachen und überlegt, sich fürderhin der Schafzucht im Garten zu widmen. Man könnte einen schönen Schafstall bauen. Mit seinem Freund Hans Statkiewicz aus dem Erdgeschoss zeichnet und rechnet er und beide gehen mit ihrer Liste zur Holzhandlung Herrmann, um dort das nötige Material zu bekommen.

Vorher kann man ja schon mal den Platz im Garten schaffen, und die ganzen Himbeersträucher im elterlichen Garten ausreißen, um dort später das große Projekt angehen zu können. Als Alma Würth sieht, was ihr Sohn auf dem Beet angestellt hat, wird der Plan der Schafzucht durch ihr vehementes Veto schnell ad acta gelegt.

Konstrukteur

Die Tatkraft des jungen Reinhold ist indes ungebremst, Laubsägearbeiten sind das Nächste, dem sich der Junge mit Ausdauer und Leidenschaft widmet.

Bei der Firma Reisser an der Hauptstraße von Künzelsau geht er immer wieder vorbei, denn da bekommt man hin und wieder ein Bündel Laubsägen. Dazu Musterbögen, die man auf das Sperrholz bügeln kann. Es soll ein schönes Geschenk für den Vater werden, Weihnachten 1943 steht vor der Tür.

Reinhold baut und sägt eine in seinen Augen vollkommene Wiege mit dem Längenmaß für Zigarren. Unten ist die Wiege rund, sodass sie schaukeln kann, alle sichtbaren Teile wurden mühevoll und in filigraner Feinarbeit mit vielen

Aussägelöchern versehen, alles einem ausgeklügelten Muster folgend. Dabei ist es das größte Kunststück, die Laubsägeblätter nicht zu zerstören, denn von ihnen hat er nur ganz wenige. Damit das Blatt nicht heiß wird, gibt er manches Mal winzige Stückchen Schweineschmalz aufs Holz, um die Sägeblätter zu schonen. Zuletzt besorgt er sich bei Reisser noch kleine Messinglinsenkopfholzschrauben von etwa 2,1 x 13 mm Durchmesser und schraubt die Wiege so zusammen, dass sie von der Schmalseite aus gesehen unten sanft geschwungen ist, zum Wiegen der Zigarren eben, und nach oben v-förmig auseinanderläuft, um den Zigarren den nötigen Platz zu geben.

Frohe Weihnachten!

Kartenleser

Auch wenn in Künzelsau in der Austraße 13 bisher nicht viel vom Krieg draußen in der Welt zu spüren war, allmählich rückt er doch näher, denn immer mehr Alliierte bewegen sich Richtung Deutschland und somit auch dem hohenlohischen Idyll entgegen.

Der Vater hat Reinhold ein Geschenk aus Hagenau mitgebracht – eine Landkarte von Deutschland, die horizontal und vertikal in Koordinaten eingeteilt ist. Nach diesem Koordinatensystem berichtet der Großdeutsche Rundfunk über die Einflüge feindlicher Bomberverbände. Die meisten können sich darunter nichts vorstellen, doch Hans aus dem Erdgeschoss in der Austraße und Reinhold aus dem ersten Stock verfolgen mit kleinen Nadeln, an die sie Fähnchen geklebt haben, die Bewegung dieser Verbände akribisch. Genauestens können sie so die Truppenverläufe überblicken, auch wenn sie nicht wirklich verstehen, was sich dahinter verbirgt.

Der Vater ist nie Parteimitglied gewesen und ein liberaler Mensch. Ihn interessiert das Kriegsgetöse des deutschen »Sieg-Heil«-Senders nicht. Von ihm haben die Jungen ihre Informationen, die er verbotenerweise auf Radio Beromünster, dem Programm eines Schweizer Senders, mithört. Für diesen Akt, für den ihn die SS in jenen schrecklichen letzten Kriegstagen sicher wegen Wehrkraftzersetzung standesrechtlich erschossen hätte, müssen alle Personen das Zimmer verlassen, in dem das Radio steht. Der Vater beugt sich über das Gerät, zieht über seinen Oberkörper und seinen Kopf einen schweren Teppich, um leise zu hören, was die Deutschen nicht wissen sollen. Ein Geheimnis, das der Vater mit den Buben teilt, denen man einschärft, nirgendwo darüber zu sprechen. Niemandem dürfen sie verraten, welch brisante Karte sie wie ein Gesellschaftsspiel bearbeiten. Das hätte die Familie unweigerlich in ernste Schwierigkeiten gebracht.

Glückskind

Es ist ein sonniger Herbsttag, die Kinder spielen auf der Straße, als ein Jagdbomber im Tiefflug das Kochertal herunterkommt. Die Kochertaleisenbahn ist sein Ziel. Der Pilot lässt die Bordkanone dröhnen. Ein gewaltiger Lärm erschüttert die Austraße, die Kinder springen blitzartig auseinander, Reinhold duckt sich hinter eine kleine Mauer am Balkon der Erdgeschosswohnung des Hauses Nummer 13.

Die ganze Austraße entlang schießt der Bomber mit seiner Bordkanone, um die Eisenbahnlinie zu treffen. Die Kochertaleisenbahn ist zerstört, eine Lokomotive wird getroffen, Lokomotivführer Steinbach findet dabei den Tod.

Als sich die Lage wieder beruhigt hat, kommen die Kinder langsam aus ihren Verstecken und sehen 50 Zentimeter große Krater in der Straße, Einschusslöcher, sie alle hätten getötet werden können, auch Reinhold, der nur wenige Meter davon entfernt seinen sicheren Unterschlupf gefunden hat.

Schneetaucher

Es ist Winter geworden, weiß und dick liegt der Schnee über der Landschaft. Die Lebensmittel sind knapp, also schickt die Mutter Reinhold zusammen mit der drei Jahre älteren Luise Seemann zu den Großeltern nach Ilsfeld, um dort Most und Fleisch zu holen. Luise ist die Tochter einer Flüchtlingsfamilie aus Frankfurt am Main, die man evakuiert und bei Würths einquartiert hat. Eine gefährliche Reise in diesen Zeiten, für die Kinder wie für die Erwachsenen, denn immer wieder attackieren amerikanische Jagdbomber die Region und schießen auf alles, was sich bewegt. Erst neulich hat Reinhold bei solchen Tieffliegerangriffen im Jagsttal mit dem Vater Schutz im Straßengraben und hinter Steinmauern gesucht. Für einen kleinen Jungen ist es immer noch mehr Abenteuer denn Bedrohung, nur die Angst der Erwachsenen ist zu spüren und irritiert die Kinder bisweilen. Genauso, dass man am Wegesrand auch schon mal ein Gespann mit erschossenen Pferden davor liegen sieht, einfach so.

Verständlich also die Sorge der Mutter, als sie die Kinder bei diesen Verhältnissen losschicken muss. Sie gibt den beiden neben guten Ratschlägen und vielerlei Ermahnungen ein weißes Tischtuch mit auf den Weg. »Wenn es Fliegeralarm gibt und der Zug anhält«, so ihre mütterlich-hilflose Anweisung, »dann rennt ihr beide so schnell wie möglich weg vom Zug und legt das weiße Tischtuch über euch, damit die Jagdbomberpiloten euch im Schnee nicht entdecken können.«

Der Fliegeralarm während der Zugfahrt bleibt aus, ereilt sie aber in Heilbronn. Reinhold und Luise begeben sich sofort in einen Luftschutzkeller und wundern sich, dass die vielen Frontsoldaten in Uniform, die ebenfalls dort Schutz gesucht haben, die meiste Angst verströmen. Diese wissen nur zu genau, was passieren kann. Doch dieses Mal bleiben alle verschont, die Bomberpulke hat offenbar ein anderes Ziel gefunden. Zu Fuß erreichen Reinhold und Luise unversehrt Ilsfeld und die Großeltern mit all ihren herrlichen Lebensmitteln.

Zaungast

4. Dezember 1944, Heilbronn, die nächstgrößere Stadt von Künzelsau aus, ist durch einen Großangriff der Amerikaner fast vollständig zerstört worden. Bis in die Austraße ist am Himmel der Schein der lodernden Flammen zu sehen.

Eine Woche später fährt Reinhold mit seinem Vater zu den Großeltern. In Heilbronn am Karlstor geht es nicht mehr weiter, die Schienen sind größtenteils zerstört, weder Züge noch Straßenbahnen fahren, sie müssen zu Fuß durch die Stadt und weiter Richtung Südbahnhof, um den Anschlusszug nach Ilsfeld zu bekommen.

Der neunjährige Reinhold läuft staunend an der Hand seines Vaters durch dieses Inferno. Gestank nach verbranntem Fleisch dringt in seine Nase, die

Augen wollen nicht glauben, was sie sehen, er versteht nicht, was hier passiert ist. Große Zinkbadewannen hat man auf die Trümmerhalden nahe der notdürftig freigeschaufelten Straße gestellt, in denen bis auf 60 Zentimeter zusammengeschrumpfte Leichen angehäuft sind. Verbrannte, entstellte Körper.

Ein entsetzlicher, ein verstörender Anblick für einen Jungen, der in Künzelsau die Schrecken des Krieges wie ein fernes Abenteuer empfunden haben muss; der bis dato nicht gewusst hat, mit welcher Brutalität der Krieg die Menschen durcheinanderwirbelt, sie hochwirft wie in einem überdimensionalen Mikadospiel und mit seiner hässlichen Fratze höhnisch grinst, wenn sie herunterknallen und aufschlagen. Reinhold hat bisher kaum großes Leid mitbekommen, geschweige denn selber erlebt. Und jetzt ist er damit ohne jegliche Vorwarnung so radikal wie prägend konfrontiert.

Schweigend steigen Vater und Sohn über die Trümmer, unter denen so viel Grauen begraben ist, und finden ihren Weg aus diesem Wahnsinn.

Es ist kurz vor Weihnachten.

Der Krieg ist aus, das Leid geht weiter

Anfang April 1945 befürchtet man nur noch das Schlimmste. Überall gibt es nun Kämpfe. Am 10. April 1945 packen die Eltern die wichtigsten Sachen auf einen Leiterwagen, nehmen den knapp zehnjährigen Reinhold und den einjährigen Klaus-Frieder bei der Hand, um sich in Sicherheit zu bringen. Mit dem voll bepackten Leiterwagen geht es die Landstraße hinunter Richtung Süden. Sie beeilen sich, keiner weiß, wann und in welcher Stärke auch hier die Kämpfe toben werden. Schon nach kurzer Zeit geraten sie an eine Panzersperre, die ganze Straße ist gesprengt. Mühsam hieven die Eltern ihren Leiterwagen und die Kinder über das bedrohliche Hindernis, um endlich in einer Klinge, einem tief eingekerbten Tal, nahe dem heutigen Schützenhaus anzukommen, wo sich bereits etwa 50 Leute eingefunden haben, die dort Schutz vor den zu erwartenden Kämpfen suchen.

Einige Parteimitglieder sind darunter, sie versuchen panisch, ihre Parteibücher zu verbrennen. Spuren müssen verwischt werden, die Angst vor Strafe durch die Alliierten ist groß. Doch die anderen Menschen in der Klinge hindern sie an ihrem Plan, vor allem, um den Aufklärungsflugzeugen durch den Rauch keinen Anhaltspunkt zu geben.

Warten, sitzen, zu schlafen versuchen, Kindergeschrei, Panik – gegen 4.30 Uhr am frühen Morgen des 11. April 1945 hat das Zittern ein Ende. Metzger Schlör aus Künzelsau kommt zur voll besetzten Klinge hochgerannt und ruft die erlösenden Worte, dass alle wieder in die Stadt zurückkehren können. Bürgermeister Pflüger hat mit den Amerikanern ein Abkommen getroffen, das Künzelsau zur verteidigungsfreien Stadt erklärt.

Befreit zieht der Tross wieder zurück, jeder in seine Wohnung oder sein Haus. Auch Alma, Adolf, Reinhold und Klaus-Frieder Würth machen sich auf den kurzen Weg zurück in die Austraße. Das Damoklesschwert, das über ihnen gehangen hat, scheint verschwunden zu sein. Jeder atmet durch.

Doch diese Unbekümmertheit soll nicht lange währen:

Zwei Tage später geht das Drama von Neuem los, denn Amerikaner stürmen ihre Wohnung und erklären lautstark: »Alle raus, aber schnell!« Der Vater liegt noch im Bett, ihm ziehen sie buchstäblich die Decke weg. Wieder müssen sie ihre Wohnung verlassen, dieses Mal nimmt sie die Familie Krätzer in der Hauptstraße auf.

Was man nicht alles für schlimme Dinge von anderen, die aus ihren Wohnungen vertrieben worden sind, hört. Um ein wenig nach dem Rechten zu sehen, bietet sich die Mutter an, ihre jetzt von den Amerikanern beschlagnahmte Wohnung für diese zu putzen. Ein hoher Offizier der amerikanischen Soldaten bewohnt nun den ersten Stock in der Austraße 13. Er schenkt der Familie Würth eine große Orange, so etwas hat Reinhold vorher noch nicht gesehen.

Erstaunen, Zutrauen und Angst halten sich die Waage. Denn was man vom Fenster aus in der Hauptstraße alles beobachten kann, erschüttert und fasziniert den Zehnjährigen gleichermaßen: Der Nachschub der Amerikaner rollt unter seinem Fenster vorbei. Die gesprengte Kocherbrücke ist bereits von Pionieren durch eine Stahlgerüstbrücke ersetzt worden. Das Grollen der Artillerie dringt zu ihm ins Zimmer, es ist überall zu hören, ein dumpfes, bedrohliches Dröhnen.

In Waldenburg hat sich die SS mittlerweile verschanzt, und die Amerikaner müssen große Verluste bei dem Versuch hinnehmen, den Ort von der Hohenloher Ebene aus zu erstürmen. Sie geben sich aber nicht geschlagen, sondern versuchen, die SS mit anderen Mitteln auszumerzen: B52-Bomber machen Waldenburg mit einem flächendeckenden Bombenteppich dem Erdboden gleich. Die Verluste sind enorm – auf beiden Seiten.

Reinhold kann vom Fenster aus aber noch ganz andere Dinge beobachten, die ihn beeindrucken und verwirren. Hunderte, ja, Tausende deutscher Soldaten gehen zu Fuß am rechten Kocherufer talabwärts in die Gefangenschaft. Die Frauen werfen ihnen noch Lebensmittel und Getränke zu, die Gesichter der Soldaten zeigen ihre Verzweiflung und Verbitterung nur zu deutlich.

Ein Nachbar, Fritz Krätzer, der in Kriegszeiten der Buchhalter der Ortsgruppe der NSDAP gewesen ist, wird verhaftet und ins Lager nach Ludwigsburg gebracht. Sein Schicksal wird dadurch verschärft, dass man ihm nur unter größten Schwierigkeiten seine lebensnotwendigen Medikamente bringen darf.

Auch der Vater wird kurzzeitig zu einer etwaigen NS-Vergangenheit befragt. Doch alsbald wird er von der Entnazifizierungsbehörde als unbelastet eingestuft, weil er sich nichts hat zuschulden kommen lassen und zu keinem Zeitpunkt Parteimitglied gewesen ist.

Schrecken und Erleichterung lösen sich ab. Das Leben normalisiert sich ganz langsam, Reinhold darf im Sommer dieses Jahres immer mal wieder auf der Pritsche von amerikanischen Lastwagen mitfahren, um in Dörzbach Lebensmittel abzuholen. Ein grandioser Spaß, denn nicht nur die Fahrt ist ein Abenteuer, nein, im dortigen Nachschubdepot gibt es wunderbare Dinge. Frisches Brot wird in riesigen Papiertüten angeliefert und Reinhold darf so manches Mal ein Verpflegungspaket für seine Familie mitnehmen. Zu Hause ist das Auspacken dieser Gaben ein Fest. In Wachspapier gewickelte Schachteln, die man nur mühsam öffnen kann, die dann aber Köstlichkeiten wie Corned Beef und ein paar Cracker enthüllen – manchmal sogar Schokolade.

Der Krieg ist vorbei – Reinhold wechselt in die Oberschule für Jungen und am 16. Juli 1945 wird die Schraubengroßhandlung Adolf Würth eröffnet, nachdem der Vater einen Antrag auf Gründung eines eigenen Geschäfts gestellt hat und die Militärregierung damit einverstanden ist.

Auf einem mit Eisenreifen beschlagenen Holzräderfuhrwerk, bespannt mit zwei Kühen von Landwirt Dümmler, werden Schrauben aus der Fabrik Arnold zurück nach Künzelsau in die Schlossmühle gefahren. Zuvor waren sie in Kisten verpackt und in Ernsbach aufgeladen worden. Dort hat der aus Nordrhein-Westfalen evakuierte Tischler Auth mit Pfosten aus richtigem Eichen- oder

Buchenholz wunderschöne Regale gezimmert, in die Schrauben, hauptsächlich eiserne Holzschrauben mit Flachsenkkopf und lange dünne Rundkopfschrauben, für die Elektriker einsortiert werden können. Die Basis eines Handelsunternehmens ist gelegt, auf der das Geschäft im Laufe der folgenden 60, 70 Jahre durch die Kraft Reinhold Würths, der schon als Zehnjähriger tatkräftig mithilft, zu einem Weltunternehmen wachsen wird.

Einem Unternehmen, das ihm zudem die Möglichkeit eröffnet, ab den 1960er-Jahren eine grandiose Kunstsammlung aufzubauen.

Max Beckmann
Küchenmaschine,
1945
Sammlung Würth,
Inv. 2226

Zum Zeitpunkt der Gründung des heutigen Würth-Imperiums denkt daran weiß Gott noch niemand. Die Zeiten sind schwer, nur langsam erholt man sich von den Wirren des Krieges, fasst man wieder die Hoffnung, dass es am Ende des Tunnels doch ein Licht geben kann.

Parallel zu dem Gemenge aus alltäglichen Überlebenskämpfen, zaghafter Zuversicht und aufkeimendem Glauben an eine bessere Zukunft innerhalb Deutschlands kämpfen einige Menschen mit noch viel weitreichenderen Belastungen. Viele Intellektuelle und Künstler sind während des Kriegs ins Exil gegangen, einige sind umgekommen, andere versuchen, wieder Mut zu fassen, und befinden sich doch in einer schwer erträglichen Realität, die sie in der Kunst zu meistern suchen.

Max Beckmann hält auf seinem Werk *Küchenmaschine* genau eine solche Situation des Alltags fest. Er notiert in seinem Tagebuch:

»Jeder Gegenstand ist schon unwirklich genug, so unwirklich, dass ich ihn nur durch das Malen wirklich machen kann.«

Kunst und Alltag im Exil.

In Deutschland entspannt sich die Lage allmählich, von Künzelsau fahren wieder Züge nach Heilbronn, sodass Adolf Würth erste Verkaufsfahrten für seinen Einmannbetrieb in diese Region unternimmt. Doch schon bald gibt es einen weiteren Tiefschlag: Die Kocher tritt 1947 über die Ufer und überschwemmt das kleine Firmengebäude. Feuchtigkeit in den kaum geheizten Räumen erschwert die Arbeit für lange Zeit. Doch Adolf Würth lässt sich nicht unterkriegen und erweitert seinen Radius ins Sauerland, um Kontakte aufzufrischen und Waren einzukaufen.

1948 wird anstelle der Reichsmark die D-Mark eingeführt.

Franz Radziwill
Der Sandstert am Jadebusen/Unter Wasser kämpfende Seehunde, 1947
Sammlung Würth, Inv. 7939

Der Krieg hat seine Spuren hinterlassen: Der Alltag ist nur Fassade für das Grauen und den Schrecken, der allen noch in den Knochen steckt. Der Maler Franz Radziwill, geboren 1895, transponiert das in seiner Kunst. Nach frühen expressionistischen Anfängen findet er zum Realismus, der sich aber im Laufe der Zeit immer mehr zum Surrealismus wandelt. Das Ungreifbare, das Unfassbare spiegelt sich in seinen Werken. *Der Sandstert am Jadebusen* von 1947 erhält den Zusatztitel: »Unter Wasser kämpfende Seehunde«.

Landschaft und Kriegsschauplatz zugleich.

In der Schule, in die Reinhold ab 1945 geht, prangt über dem Eingang ein weißes Schild mit roter Umrandung. In schwarzer Schrift zeigt es an, dass sich hier eine »Oberschule für Jungen« befindet.

Doch auch Mädchen gehören zu den 70 Anfängern nach dem Krieg. Helga Schmitz-Mancy ist dabei, ein hübsches Mädchen mit langen blonden Haaren und ausgeprägt schönen Zähnen. Reinhold hat sie zum ersten Mal am Nordwesteck des Hauses Austraße 13 entdeckt. Sie trägt ein blaues Matrosenkleid, auf dem Rücken flattert ein loses Teil über dem Kleid, eine Art Pellerine, der rechteckig geschnittene Stoff eingerahmt mit drei weißen Streifen.

Helga redet munter und frech drauflos, und die Genauigkeit seiner Erinnerung zeigt, wie sehr dieses Mädchen Reinhold wohl gefallen hat, seine erste Flamme.

Die Interessen beginnen sich zu verschieben, nicht mehr Eisenbahn, Autos oder Kartoffelkäfer ziehen die uneingeschränkte Aufmerksamkeit der Jungen auf sich, sondern das andere Geschlecht lockt mit seinem verwirrenden Wesen, das die Jungen wahlweise betört, belustigt und verunsichert. Auch eine junge Hilfslehrerin, Fräulein Göltenboth aus Öhringen, 19 Jahre alt und unfassbar hübsch, gehört zu den »Göttinnen« der Künzelsauer Oberschul-Buben und wird zum zentralen Thema der Jungs untereinander.

In den Pausen reicht man die neuesten Zeitschriften herum. Einmal hat einer sogar die Illustrierte *Quick* erhaschen können, in der eine Schönheit abgedruckt ist, bei der der Ausschnitt ansatzweise den Busen erkennen lässt. Voller Neugier, mit hochroten Ohren stecken die Buben ihre Köpfe in diese Zeitschrift, spüren die Erregung und empfinden gleichzeitig auch Scham über diese neuartigen Gefühle, die sie nicht einordnen können und die ihnen keiner angekündigt hat.

Reinhold Würth als Vierzehnjähriger, 1949

Was für ein Unterschied in der sexuellen Wahrnehmung damals und heute, denn noch lange ist es absolut undenkbar, über Sexualität offen zu sprechen, geschweige denn im Hause einer Angebeteten zu übernachten. Es müssen noch an die 30 Jahre vergehen, dass man sich damit nicht der Kuppelei oder gar eines Offizialdeliktes schuldig macht.

Neben all diesen wunderbaren Verwirrungen kommt Reinhold seinen Aufgaben im väterlichen Betrieb gewissenhaft nach.

Pakete zu packen ist seine Spezialität: Zuerst das Packpapier auf den Tisch, darauf dann die Wellpappe, auf der Wellpappe werden die Schraubenpakete zu Würfeln gestapelt. Jetzt gilt es die Wellpappe geschickt und genau drumherum zu schlagen und seitlich mit Triangeln zu verschließen. Dann kommt das Packpapier. Zuletzt muss man das Ganze fest verzurren, wobei es wichtig ist, am Schnuranfang immer einen fünffachen Knoten zu machen, damit das Ende später nicht durchrutschen kann.

Reinhold erledigt seine Paketpackaufgaben mit solchem Elan und solcher Präzision, dass er gut 50 Jahre später noch während eines Informationsabends für die Azubis der Firma Würth und ihre Eltern sein Talent bei einem Packwettbewerb unter Beweis stellen wird.

Der Vater macht im kleinen Rahmen ganz gute Geschäfte, er hat bei Kontakten mit den NSU-Werken in Neckarsulm durch einen Tauschhandel dafür gesorgt, dass Reinhold sein erstes Fahrrad bekommt. Eines Samstagmorgens darf er es beim Pförtner in Empfang nehmen. Was für ein unbändiger Stolz, wenn man das erste Mal mit einem neuen Rad losfährt, den Fahrtwind spürt, sich unendlich frei fühlt und groß.

Leider auch übermütig, denn auf der ersten Fahrt zu den Großeltern gerät Reinhold mit vollem Tempo in Heilbronn in eine Straßenbahnschiene, deren Tücke er natürlich nicht kennt, und stürzt Hals über Kopf vom Fahrrad. Keiner hat's gesehen, mit ein paar Schrammen und Abschürfungen ist der Zwischenfall bald vergessen. Hauptsache, das Fahrrad ist heil geblieben.

Reinhold Würth zu Beginn seiner Lehre, 1949

Adolf Würth hat immer größeren Erfolg mit seinem Betrieb in diesen schwierigen Nachkriegsjahren, im Sommer 1948 kann er einen ersten Mitarbeiter einstellen. Hans Welk unternimmt Verkaufsreisen nach Mannheim, Nürnberg und München, und schon bald werden Unternehmen des Sanitärgroßhandels mit verchromten Holzschrauben der Firma Würth beliefert. In dieses kleine Unternehmen steigt am 1. Oktober 1949 nun offiziell der älteste Sohn Reinhold als Kaufmannslehrling ein ...

Reinhold Würth mit seinen Großeltern in Ilsfeld und Vater Adolf, 1951

Die Wirtschaftswunderjahre beginnen – Adolf Würth setzt auf die wachsende Automobilindustrie und erweitert sein Verkaufsprogramm unter anderem um Blech-, Nummernschildschrauben und Messingrosetten. Ein Opel Olympia, Baujahr 1936, wird für die Firma angeschafft. Und Reinhold, der junge Lehrling, bekommt eine Sondergenehmigung, um den Führerschein schon mit 16 Jahren machen zu können. Zweimal muss er dafür zum Amtsarzt, um seine körperliche und geistige Reife unter Beweis zu stellen. Man ist mit dem Ergebnis sehr zufrieden, und so kann Reinhold am 20. April 1951 die Fahrprüfung ablegen und sofort seinen Führerschein in Empfang nehmen.

Momentaufnahmen im Leben von Reinhold Würth

Adolf und Reinhold Würth, Lehrmeister und Lehrling, 1952

Es ist ein Gefühl wie Frühlingsbeginn, Sommeranfang und Weihnachten zusammen!

Ab jetzt hat der Vater, der keinen Führerschein besitzt und ihn auch nicht zu machen gedenkt, einen guten Chauffeur, wenn sie Tagesreisen zu Kunden nach Mannheim, Würzburg, Ulm oder in die Schweiz unternehmen. Etwas später schickt der Vater den 16-Jährigen zwei Wochen allein nach Düsseldorf. Der kommt stolz mit einem Päckchen von Aufträgen zurück, die der Vater ihm gegenüber als selbstverständlich herunterspielt. Seiner Frau jedoch erzählt er abends, wie großartig er es finde, dass ihr gemeinsamer Sohn ein solches Verkaufsgeschick an den Tag lege.

»Nicht geschimpft ist genug gelobt« – das immer gern bemühte schwäbische Gebot wird Reinhold später als Unternehmer umkehren und mit viel Lob seine Mitarbeiter zu noch besseren Leistungen anspornen.

Auf der Grundlage einer neuen demokratischen Verfassung beginnen Wiederaufbau und wirtschaftliches Leben in Deutschland. Die Kunst spiegelt die aufkeimende Hoffnung in Teilen wider. Künstler wie Aurelie Nemours oder Robert Jacobsen machen sich einen Namen. Schon bekannte Maler wie Fernand Léger oder René Magritte finden neue Ausdrucksformen, ausgereifte, modifizierte Varianten ihres bisherigen Weges.

Léger schließt mit seinem Spätwerk *Die blaue Decke in der Landschaft* in der leuchtenden Farbigkeit und der abstrahierten Formensprache an frühere Werke an.

Ganz anders arbeitet der Däne Robert Jacobsen. Ein Künstler, mit dem Reinhold Würth ab 1970 eine enge Freundschaft pflegen wird. Ein barocker, anpackender Mann, der sogar später im Hause Würth Hand anlegt und einen offenen Kamin umbaut. Kein Wunder, dass diese enge Beziehung sich auch in der Sammlung niederschlägt, in der der Däne eine der zentralen Künstlerpersönlichkeiten darstellt. Seine Eisenskulpturen machen ihn berühmt.

Inspiriert von den ebenfalls in der Sammlung Würth vertretenen Malern Auguste Herbin oder Serge Poliakoff verfeinert Jacobsen seine Art der Eisenbearbeitung immer mehr. Statik und Bewegung, Begrenzung und Unendlichkeit, Fülle und Leere – diese Gegensatzpaare findet man schon in der Skulptur

Momentaufnahmen im Leben von Reinhold Würth

Fernand Léger
*La couverture bleue
dans le paysage
(Die blaue Decke
in der Landschaft)*,
1951
Sammlung Würth,
Inv. 1654

Momentaufnahmen im Leben von Reinhold Würth

Robert Jacobsen
Ideomotorisk Problem II, 1952
Sammlung Würth,
Inv. 3261

Ideomotorisk Problem II aus dem Jahre 1952. Eine Figur, um die man herumgehen muss, um all ihre Facetten zu sehen. Umgebung und Skulptur treten in einen Dialog und der Betrachter ist Teil davon. Ein filigran-schweres Eisengebilde, das fast wie gezeichnet wirkt.

Mit leichter Hand geschaffen, ein schweres Material – ähnlich entwickeln sich auch die Firmengeschicke in dieser ersten Hälfte der 1950er-Jahre.

Man packt an, Erfolge zeichnen sich ab, es geht aufwärts, alles scheint wieder möglich, der Krieg und seine Entbehrungen rücken zunehmend in den Hintergrund. Mit einem 3:2 gegen Favorit Ungarn wird Deutschland in Bern 1954 erstmals Fußballweltmeister, ein Sieg, der zum Symbol der »Wiederauferstehung« nach dem Krieg gewertet wird.

Das Dunkel wird durchdrungen von Hoffnung verheißenden Farben wie in dem Werk *Die Nacht* (1953) von Marc Chagall. Oder wie bei Nicolas de Staël, der mit seinem *Seestück am Kap* ein Jahr später eine neue Maltechnik entwickelt und dabei mit einfachsten Mitteln ein Lichtspiel wiedergibt, das auf den zentralen Punkt des Bildes zusteuert.

Nicolas de Staël
*Marine au cap
(Seestück am Kap)*, 1954
Sammlung Würth, Inv. 8556

Doch das Schicksal grätscht in dieses aufkeimende Pflänzchen »Erfolg« erneut brutal hinein. Einen Tiefschlag muss die Familie Würth am 14. Dezember 1954 hinnehmen.

Reinhold Würth erinnert sich nur zu gut an diesen Wintertag. Er schreibt darüber:

»Morgens waren wir noch mit dem Auto in Gerabronn gewesen, ich fuhr natürlich, weil der Vater ja keinen Führerschein hatte. Dort besuchte mein Vater einen oder zwei Kunden und dann fuhren wir wieder zurück. Wir waren in der Zeit auch viel unterwegs gewesen, zum Beispiel nach Mannheim auf die Hauptpost. Dort telefonierte mein Vater dann mit Kunden. Hauptgrund war die Abwesenheit von zu Hause, um legalerweise Reisespesen von der Steuer absetzen zu können.

Ich ging ins Geschäft am Bahnhof und arbeitete dort. Dann wurde ich auf eigenartige Weise unruhig und rief zu Hause an. Niemand ging ans Telefon.

Es war eine Hausverbindung, sodass einmal drehen an der Scheibe genügte, um den Klingelton in der Wohnung (mittlerweile Zeppelinstraße) auszulösen.

So drehte ich vielmals, aber niemand ging hin, bis dann anschließend meine Mutter anrief, ich solle ganz schnell kommen, der Vater sei in der Toilette zusammengesunken. Als ich kam, war Dr. Starrach schon da, der ja nur drei Häuser weiter seine Praxis hatte und zum Glück anwesend war. Aber er konnte nichts mehr ändern, festgestellt wurde ein Sekundenherztod. Trauer kehrte ein, im Augenblick begriffen wir nicht, was eigentlich geschehen war.

Die Beerdigung fand wenige Tage später statt. Noch 60 Jahre später ist mir die Beerdigungszeremonie in Erinnerung. Als wir aus dem Friedhof herauskamen, sprach mich Herr Dr. Berger an, der damalige Chef von Arnold Ernsbach. Er war zusammen mit einem seiner Mitarbeiter, vermutlich Herrn Weber, zur Beerdigung gekommen. Dr. Berger fragte mich, wie das nun weitergehen würde? Ich erklärte ihm, dass ich auf jeden Fall versuchen würde, den Betrieb aufrechtzuerhalten und fortzuführen. Dieses Gespräch fand am Nordosteck außerhalb des Friedhofs statt, also an der Seestraße nordöstlich der Friedhofskapelle.

In der auf die Beerdigung folgenden Woche fuhr ich dann los nach Köln und Düsseldorf, um noch Aufträge hereinzuholen. Drei Tage besuchte ich noch Kunden, der Erfolg war höchst bescheiden, ich brachte nur wenige Bestellungen mit nach Hause. Wie immer: Die Kunden machten jetzt schon Inventur, die meisten waren schon mit Weihnachten beschäftigt und hatten keine Lust mehr, vor Jahresende noch Aufträge zu erteilen. Das Weihnachtsfest 1954 war traurig und geprägt von der Sorge um die Zukunft, was wohl werden würde.«

Arnulf Rainers *Große Übermalung* steht fast sinnbildlich für diese Ängste. Der Österreicher, der schon früh mit seinen übermalten Bildern Akzente setzt, der eine Formenzerstörung propagiert und Perspektiven der Vernichtung in seinen Übermalungen ausmacht, will auf diese Weise Neues aus dem Alten entstehen lassen.

Arnulf Rainer
Große Übermalung,
1955/61
Sammlung Würth,
Inv. 2638

Wenn man sich das Werk vor diesem Hintergrund anschaut, ist es so, als spürte man die Wucht dieses Tiefschlags körperlich: Adolf Würth stirbt im Alter von nur 45 Jahren und hinterlässt seine Familie im Schockzustand. Reinhold, 19 Jahre alt, wird gezwungen, von nun an die Geschicke der Schraubenhandlung zu leiten.

Reinhold Würth muss Haltung bewahren, einen kühlen Kopf, um in die Fußstapfen des Vaters zu treten, von dem er noch so viel hätte lernen können.

Jetzt ist er in seinem jungen Alter auf sich selbst gestellt und packt die Aufgabe an. Was soll er auch machen, die Familie muss versorgt werden, für Selbstreflexion gibt es weder Zeit noch Anlass aus Sicht des jungen Mannes, der einfach funktionieren muss, ohne Wenn und Aber.

Im nächsten Jahr gelingt es ihm bereits, den Jahresumsatz gegenüber dem Vorjahr von rund 146.000 D-Mark auf 176.000 D-Mark zu steigern, um fast 30.000 DM, ein unerhörtes Erfolgserlebnis für den jungen Unternehmer, der alles versucht, um sich, den Betrieb und die Familie über Wasser zu halten. Er gestattet sich keinerlei Luxus und spart, wo es nur geht. Sei es, dass er in der kalten Jahreszeit für vier Tage Vesperbrote mitnimmt, um nicht im Restaurant Geld ausgeben zu müssen, oder dass er den Berg hinunter den Motor des Opel Olympia abstellt, um mit der Tankfüllung länger auszukommen. Mühsam und langsam geht es bergauf, ohne Beschleunigung, aber mit viel Disziplin, Ehrgeiz, Geschick, Überlebenswillen und einem Quäntchen Glück.

Schicksalsbegegnung

Glück ereilt Reinhold Würth in besonderem Maße im Jahr 1956, denn er lernt die Liebe seines Lebens kennen, Carmen Linhardt.

Reinhold und der nach dem Tod des Vaters verbliebene Angestellte, Albert Berner, sind unterwegs in Richtung Bodensee. Den Lehrling Hans Hügel haben sie zu Hause gelassen. Ihn hat Reinhold Würth im Oktober 1955 quasi aus dem Stand und von der Schule weg in seinen kleinen Betrieb geholt. Die 100 D-Mark Strafe, die es den Schüler kostete, die Handelsschule vorzeitig abzubrechen, hat der junge Chef für die neue Hilfskraft übernommen. Hügel wird später zum ersten Verkäufer des Unternehmens Würth und diesem sein ganzes Berufsleben über die Treue halten.

Reinhold lässt Albert Berner wiederum zum Verkaufen in Friedrichshafen zurück und fährt weiter nach Bern, um einen erwarteten Auftrag abzuholen. Die Fahrt ist weit und beschwerlich, sodass er erst gegen 19 Uhr wieder nach Friedrichshafen zurückkommt, wo er sich mit Albert verabredet hat. Dem wurde das Warten zu lange, und er ist schon mit dem Zug heimgefahren.

Was tun mit der gewonnenen Zeit? Nun, Reinhold ist ein religiöser Mensch, und so besucht er einen Gottesdienst in der Neuapostolischen Kirche in Friedrichshafen. Er tritt durch das Portal und setzt sich, wie vorgeschrieben, auf die rechte, die Männerseite, während die Frauen links die Bänke füllen. Der Chor sitzt vorne rechts vom Altar, sodass die Sänger und Sängerinnen im 90-Grad-Winkel die Gemeinde im Blick haben.

Entspannte Andacht vor dem Beginn des Gottesdienstes an diesem schönen Frühsommerabend vor Fronleichnam. Plötzlich zerreißt ein lautes Klackern die Stille der Kirche, und mit schnellem, festem Schritt, der ihr auf dem Steinboden den Takt zu geben scheint, geht eine junge Dame durch den Mittelgang.

Reinhold kann sich an dieser zierlichen, dunkelhaarigen Schönheit nicht sattsehen. Sie trägt eine knallgelbe, grob gestrickte Jacke mit Puffärmeln und setzt sich erhobenen Hauptes in die erste Reihe des Chores. Reinhold hat keine Ohren mehr für die Predigt, er ist ganz in den Bann der jungen Chorsängerin gezogen.

Das Mädchen lässt ihn nicht mehr los, schwirrt durch seine Gedanken, setzt sich in seinem Kopf fest und ist durch nichts und niemanden mehr aus seinem Denken und Fühlen zu entfernen.

Wer aber ist sie, wie heißt sie, was macht sie, hat sie bereits einen Freund?

Quälende Überlegungen, denen Reinhold beherzt ein Ende setzt, indem er einem Bekannten aus Ulm, der zum Bischof der Neuapostolischen Kirche für das südliche Württemberg ernannt worden ist, einen Brief schreibt. Diesen Herrn Müller bittet Reinhold, Erkundigungen einzuholen über die hübsche Chorsängerin, die er ihm genauestens beschreibt, damit dessen Nachforschungen auch fruchten können.

Warten; eine Woche, zwei Wochen, drei Wochen.

Endlich Post. Ihr Name ist Carmen Linhardt, sie lebt in der Löwentalstraße 105 in Friedrichshafen und – nein, es sei nichts darüber bekannt, dass sie bereits liiert sei. Reinhold setzt sich also an seinen Schreibtisch und beginnt zu schreiben, vielleicht in etwa so:

»Liebes Fräulein Linhardt, mein Name ist Reinhold Würth. Ich habe Sie vor ein paar Wochen im Gottesdienst in Friedrichshafen gesehen und möchte Sie sehr gerne kennenlernen. Darf ich Sie einmal besuchen und ausführen?«

Schreibt man so im Jahr 1956 seinen ersten Annäherungsversuch? Vielleicht.

Warten; eine Woche, zwei Wochen, drei Wochen.

Post von Fräulein Linhardt trifft in Künzelsau ein. Neugierig öffnet er den Brief – nein, dafür ist dieser Mann zu realistisch, er ist einfach gespannt, was das hübsche Fräulein ihm zu sagen hat, und liest vielmehr beherzt den kurzen ersten Brief.

Sie ist nicht abgeneigt, das spürt er wohl, aber sie will zunächst ein Foto von ihm sehen. Na klar, auch Cyrano de Bergerac hat schöne Briefe geschrieben und doch kein Mädchenherz für sich gewinnen können. Reinhold sucht ein gutes Bild von sich, wägt ab, das beste muss es sein, um sich der gestrengen, aber so schönen Dame vorzustellen. Endlich findet er eines und schickt es mit viel Hoffnung im Herzen ab.

Warten; eine Woche, zwei Wochen, drei Wochen, vier Wochen – und keine Antwort ist gekommen …

Ein Hasenfuß hätte spätestens nach zwei Wochen die Flinte ins Korn geworfen. Nicht so Reinhold Würth. Erst wartet er noch mehr oder weniger geduldig. Als er aber dann eines Tages geschäftlich nach Lörrach fahren muss, von dort die Mutter noch einmal anruft, ob denn Post aus Friedrichshafen gekommen sei – nein, nichts –, wird es ihm zu dumm, und er lenkt sein Auto nach getaner Arbeit Richtung Friedrichshafen, Löwentalstraße 105. Was er gegen 15 Uhr unter dieser Adresse vorfindet, ist ein Reihenhaus, in dessen Erdgeschoss tatsächlich eine Familie Linhardt wohnt. Reinhold schellt an der Haustür, und es öffnet ihm eine Frau mit einem Waschkorb unter dem Arm, Margot Linhardt, wie sich herausstellt, die Mutter der Angebeteten. Carmen ist nicht zu Hause. Also erklärt Reinhold, der 21-Jährige, der Mutter, dass er Carmen vor einigen Wochen in der Kirche gesehen habe, dass er sie gerne kennenlernen würde und dass er, wenn sie ihm gefiele, durchaus ernste Absichten habe, sie zu heiraten.

Das klingt in den Ohren einer Mutter schon mal recht vielversprechend, Reinhold ist ja auch ein stattlicher junger Mann, der gut aussieht und mit seinem Auftreten belegt, dass er eine Familie ernähren kann. Also verrät sie ihm, dass Carmen in der Zahnradfabrik Friedrichshafen im Sekretariat arbeitet.

Mit seinem knallgelben Mercedes fährt Reinhold zur Zahnradfabrik und lässt sich in der Pförtnerloge mit Fräulein Linhardt verbinden. Er bittet die reserviert freundliche Dame, mit ihr am Abend essen gehen zu dürfen.

Sie – zaudert, sie habe Singstunde.

Er – lässt sich nicht abwimmeln, erklärt, dass er so weit gefahren sei und dass sie da doch vielleicht eine Ausnahme machen könne.

Sie – muss erst ihren Dirigenten um Erlaubnis bitten.

Irgendwie wird das Problem gelöst, und Reinhold darf am Abend wieder in der Löwentalstraße vorsprechen, um Carmen abzuholen. Das Mädchen mit den schwarzen Haaren und den dunklen Augen, die so gut zu ihrem Vornamen passen, steigt immer noch ein wenig zurückhaltend in den schicken Mercedes und kann nur mit Mühe ihren kleinen Bruder Hans-Peter, der unbedingt auch in so ein tolles gelbes Auto steigen will, davon abhalten, mitzufahren.

Zwei Menschen, die sich nicht kennen, aber Absichten hegen.

Reinhold steuert das Restaurant des Bayerischen Hofs in Lindau an. Sie sitzen auf der Terrasse und tasten sich langsam aneinander heran. Höflichkeiten werden ausgetauscht, Konversation betrieben, immer einen kleinen Schritt vor dem nächsten. Sie finden sich sympathisch.

Ein lauer Sommerabend, eine kleine Spritztour noch in die Berge Richtung Oberstaufen – und dort in der Idylle des Abends tatsächlich ein erster scheuer Kuss.

Reinhold kann diesen Moment aber noch unterstreichen, denn er holt aus dem Kofferraum einen Blumenstrauß und überreicht ihn der überraschten Carmen. Damit hat sie nicht gerechnet, dass der junge Kavalier zuvor noch Blumen für sie gekauft hat. Er genießt ihre Freude und verschweigt tunlichst, dass er sich beim Kauf überlegt hat, dass, wenn Carmen ihm nicht gefallen würde, die Mutter halt den Strauß bekäme, deshalb der Platz im Verborgenen ...

Carmen hat den Strauß verdient, und damit die zukünftigen Schwiegereltern sich nicht über ihn beschweren können, hält Reinhold die von Vater Linhardt vorgeschriebene Rückkehrzeit von 22 Uhr genauestens ein.

Ob man noch ein halbes Stündchen dranhängen dürfe? Reinhold fühlt sich bestätigt in seinem Empfinden, Carmen wohl auch, und man lässt die beiden nochmals ein bisschen für sich. Beschwingt liefert Reinhold die junge Frau um 22.30 Uhr zu Hause ab und fährt beseelt von diesem ersten und zu den schönsten Hoffnungen Anlass gebenden Abend zurück nach Künzelsau.

Hätte es die Kölner Gruppe BAP im Sommer 1956 schon geben, Reinhold hätte sicher ihren Song lauthals mitgesungen: »Doch alles ist Carmen und hält mich total in ihrem Bann.« Vielleicht hat er auf der Heimfahrt auch glückselig Georges Bizet angestimmt, nach dessen Oper *Carmen* seine Liebste benannt ist.

Reinhold zumindest meint es ernst!

Schicksalsbegegnung

Max Ernst
Cueillette d'oranges/Orangenpflücken
(Il la vit aussi cueillir des oranges dans son corsage
et constata qu'elles étaient chaudes), 1959
Sammlung Würth, Inv. 9536

Auch wenn dieses Ölgemälde auf Holz von Max Ernst erst drei Jahre später entstanden ist – es spiegelt auf wunderbare Weise die Gefühlswelt, in der Reinhold Würth sich durch seine große Liebe und Lebenshoffnung befunden haben wird.

Der Untertitel zu diesem Bild lautet übersetzt:

»Er sah sie auch in ihrer Bluse Orangen pflücken und spürte, dass sie warm waren …«

Inmitten eines von reifen Früchten übervollen Orangenbaums erkennt man die Umrisse einer nur mit wenigen Linien auf das Blatt gezeichneten Frau, deren Brüste Orangen sind. Orange, die wärmste aller Farben, dominiert das Gemälde, in dem die Früchte nicht nur als Erträge des Baumes barocken Überfluss verheißen. Spielerisch schweben sie durch den ganzen Raum, ein Sinnbild für Leichtigkeit, Sommerwärme, Leidenschaft, Höhenflüge. Nicht nur die Bildunterschrift, sondern auch die Orange als Symbol für Fruchtbarkeit deuten auf den zwischenmenschlichen Kontext hin, in dem dieses Bild gesehen werden darf.

Erfüllung, sich in einem Menschen verlieren, gleichzeitig aufgehoben sein, Entsprechung – die berühmte Trias von Körper, Geist und Seele spüren.

Max Ernst wird später in der Sammlung Würth eine Ausnahmestellung einnehmen, vor allem durch die zahlreichen Grafiken und Bücher. Der Freund des großen Surrealisten, der Kunsthistoriker und spätere Leiter des Musée national d'art moderne in Paris, Werner Spies, hilft sie für die Sammlung zusammenzutragen.

Neue Zeiten

Wie ist das, wenn man frisch verliebt ist? Alle Welt sieht es an dem Lächeln, das den Mund umspielt, die Augen strahlen lässt und die Brust weitet. Ein Glück, gespeist aus Sehnsucht und der Gewissheit, wiedergeliebt zu werden. Alle Mühen kann man auf sich nehmen, auf Schlaf verzichten, den größten Ärger niederlächeln und sich auf eine Überholspur begeben, auf der man alle Unbill links liegen lässt und nur dem einen Ziel entgegenstrebt – dem geliebten Menschen nahe zu sein.

Reinhold und Carmen erleben solche Wochen und Monate des anstrengenden und doch erfüllenden Taumels. Unter der Woche muss Reinhold darauf achten, dass sein Geschäft wächst, dass er seine Aufträge einholt, seine Mutter und den kleinen Bruder unterstützt und ernährt.

Aber am Wochenende kann er es kaum erwarten, sich in seinen gelben Flitzer zu setzen, um nach Friedrichshafen zu rasen – in die Arme von Carmen, die ihrerseits eine Arbeitswoche lang gewartet und sich gesehnt hat. Sie gehen spazieren, sie sitzen auf Bänken, sie erzählen und können nicht voneinander lassen. Auch bei den zukünftigen Schwiegereltern sind sie hin und wieder zum Essen. Und dann kommt die große Prüfung: Carmen reist zum ersten Mal zu Reinhold nach Künzelsau und soll dort seine Mutter kennenlernen.

Alma ist nicht sonderlich begeistert darüber, dass ihr Sohn und Ernährer ein festes Verhältnis mit einem Mädchen hat. Viel zu früh für ihre Begriffe, vielleicht überhaupt unnötig, wenn man als Witwe auf diesen Ältesten angewiesen ist. Und dann noch so eine – klein, schwarzhaarig, fast südländisch, zerbrechlich und viel zu hübsch. Würde die arbeiten können und den Haushalt führen? Sie wird es können – besser, als es sich Alma im Sommer 1956 hat denken können.

Doch das Verhältnis von Alma und Carmen bleibt ein Leben lang eher reserviert. Jahrzehnte später wird Carmen Reinhold im Streit erklären, dass seine

Mutter, obwohl aus Norddeutschland stammend und wohl schnell assimiliert, und er aus dem gleichen Holze geschnitzt seien, Wolpertinger eben, Hohenloher Holzköpfe, gefühllos und eigensüchtig ... Wie immer hält dieser Streit nicht lange an, denn nach mehr als 50 Ehejahren weiß man auch damit umzugehen.

Reinhold ist ganz vernarrt in seine Carmen und immer wieder entzückt darüber, dass er mit beiden Händen ihre Taille so umfassen kann, dass sich die Daumen und Mittelfinger jeweils fast berühren. Was für eine Traumfigur!

Gegen 16 Uhr am Sonntag heißt es dann regelmäßig Abschied nehmen, Reinhold bringt Carmen am Nachmittag nach Ulm, wo sie mit der schwäbischen Eisenbahn nach Friedrichshafen zurückfährt.

Dieser Schmerz, dieses Abschiednehmen für sechs lange Tage, dieses Sehnen, das schon da ist, obwohl man sich noch umarmen kann. Reinhold kauft ihr noch eine Tafel Larmes de Kirsch. Eine mit Kirschen gefüllte Schokolade, die Carmen so gerne isst. Der süße Schmelz der Schokolade vermischt sich mit dem Salz der Tränen, die über Carmens Gesicht fließen. Und auch Reinhold muss sich arg zusammenreißen, aber weinen gehört sich zu jener Zeit für einen Mann nicht, man schluckt ein paar Mal trocken. Noch ein Kuss, eine Umarmung – dann pfeift der Zugführer sein Signal zur Abfahrt.

Halt, schnell noch einmal die Hand berühren, durchs offene Fenster einen Kuss hauchen, vielleicht sogar ein »Ich liebe Dich« mit den Lippen formen, neben dem sich in Bewegung setzenden Zug noch etwas herlaufen – und dann ist der Zug so weit weggerattert, dass keine Zuwendung, kein Liebeszeichen mehr ankommen kann, Reinhold auf dem leeren, jetzt ruhigen Perron des Bahnhofs zurücklässt und Carmen in ihrem Abteil des Zuges, der sie wieder diese unüberwindbar weit scheinende Wegstrecke von Reinhold wegträgt.

Gefühle, aus denen Romane entstehen, Opern komponiert und Gedichte geschrieben werden. Große Gefühle, die nur für dieses Paar in ihrem ersten Rausch spürbar sind. Das Zehren und Zagen wechselt mit großer Glückseligkeit ab und kostet die beiden jungen Leute viel Kraft. Das sehen auch Carmens Eltern und Reinholds Mutter und sie erklären sich einverstanden, dass die jungen Liebenden, obwohl sie sich erst sechs Monate kennen, am 9. Dezember 1956 in der Neuapostolischen Kirche in Künzelsau heiraten dürfen.

Es ist ein trüber, kalter Tag, aber das stört das junge Glück in keinster Weise. Gefeiert wird nach der kirchlichen Zeremonie mit etwa 30 Personen im Hotel Glocke in Künzelsau, das zur damaligen Zeit als erstes Haus am Platz erscheint. Ein Ambiente, das die beiden heute für ihre Feiern wohl nicht mehr so schön finden würden. Aber im Dezember 1956 ist es der Himmel, oder, besser gesagt: verheißt diese Feier den Himmel. Eine wunderschöne Braut in strahlendem Weiß, süße 19 Jahre alt, die schwarzen Locken bedeckt mit einem Spitzenschleier, führt Reinhold mit seinen 21 Jahren zum Traualtar.

Neue Zeiten

Carmen und Reinhold Würth
Hochzeit am 9. Dezember 1956 in Künzelsau

Eheglück und Wirtschaftswunder

Schon im Spätsommer 1956 haben die beiden Möbel ausgesucht und anfertigen lassen, denn ihnen ist sonnenklar, dass sie nicht mehr auseinandergehen wollen. Massive Holzmöbel, lackiert und poliert. Darunter ein cremefarbenes Schlafzimmer mit einer Spiegelkommode. Und fürs Wohnzimmer einen schönen Schrank in dunklem Holz, der bis heute im Bungalow in Gaisbach steht. Sie beziehen nach der Hochzeit ihre Wohnung im Erdgeschoss des Hauses, in dem auch Reinholds Mutter, im ersten Stock sein Bruder Klaus-Frieder und im Dachgeschoss die Cousine Christa wohnen.

Reinhold und Carmen sind fleißig. Eine Hochzeitsreise ist erst mal nicht möglich, denn Reinhold ist das ganze Jahr auf Achse, um zu verkaufen und neue Kunden anzuwerben. Einmal kommt er kurz vor dem Wochenende mit dem Auto von Hannover zurück, sein Weg führt über Bad Mergentheim und Dörzbach. Er hat Carmen von unterwegs angerufen und angekündigt, dass er bald da sei. So groß ist die Freude, dass Carmen ihm zu Fuß entgegengeht. Sie hat es eilig, Reinhold wiederzusehen, und so ist sie bereits im Deubachtal angelangt, wo sie an der Straße entlangläuft, als sie sich begegnen. Reinhold erinnert sich an ihre zierliche Gestalt und wie sie in einem schneeweißen Kleid mit schwingendem Rock daherkam. So eine wunderschöne Frau! Das Glück ist in solchen Momenten vollkommen.

Hans Hügel, der Mitarbeiter der ersten Stunde, erinnert sich an den großen Leistungswillen, an die Vorbildfunktion und an die klaren Überlegungen seines noch jungen Chefs. In seinem Arbeitsbericht schreibt er über seine Anfänge:
»Erwischte mich jemand von ihnen (Reinhold oder Alma Würth) mit dem Vesperbrot in der Hand, gab's ein Donnerwetter. (…) Ich schließe daraus, dass

unser Chef schon damals sehr zielstrebig und auch bestimmend war, was sich durch sein ganzes Berufsleben zog. Wenn er etwas vorhatte, dann setzte er es auch sehr schnell in die Tat um. Dies sehe ich auch als Baustein seines großen Erfolges.«

Fordern und fördern, anerkennen und belohnen. Schon früh hat Reinhold dieses bis heute so gut funktionierende System zur Mitarbeitermotivation erkannt. Einer der ersten Betriebsausflüge 1957 ist ein solches Highlight für die noch kleine Zahl von Angestellten. Hans Hügel schreibt darüber:

»Wie schon im Jahr zuvor machten wir wieder einen Betriebsausflug, der uns diesmal in den Nürnberger Zoo führte. Reinhold Würth fuhr mit seinem gelben Mercedes und ich mit einem grauen VW Käfer, Hermann Leiser und Hubert Dehnelt mit an Bord. Da ein Käfer nun mal nicht so schnell läuft wie ein Mercedes, kam es ab und zu mal vor, dass wir Reinhold Würth aus den Augen verloren. Er jedoch, etwas besorgt, drehte jedes Mal um und wartete, bis wir ihn wieder einholten. Uns hat dieses Spiel am Schluss sogar solchen Spaß gemacht, dass wir absichtlich einmal anhielten und eine kleine Pause einlegten. Kaum hatten wir an einer Ausweiche gestoppt, war unser Chef auch schon wieder bei uns. Dieser Tag war ein tolles Erlebnis für uns junge Burschen vom Land.«

Im November 1957, ein knappes Jahr nach der Hochzeit, möchte Reinhold mit Carmen endlich einen kleinen Urlaub machen. Schon seit früher Kindheit hat sich bei ihm ein Gedanke festgesetzt, ein Gedanke und ein Wunsch – Davos sehen. Davos, das klingt nach Fernweh, nach schneebedeckten Bergen, nach Wintersonne und langen Abfahrten über weiße Hänge, nach Kinderglück und zufriedenem Mattsein – dieses Wort Davos hat er als kleiner Junge schon auf seinem Schlitten eingeritzt gesehen, schwarz unterlegt, wie mit dem Brennstab eingeschrieben auf einer der hölzernen Außenleisten. Eine Werbeschrift, die gewissermaßen ein wichtiger Teil seines Lebens wird, denn nach der ersten Reise mit Carmen an den lange erträumten Ort werden noch unzählige Aufenthalte folgen – bis heute.

Reinhold Würth selber veranschlagt, dass er mit seinen Aufenthalten dort, alleine und mit allen Familienmitgliedern, in der Folgezeit sicher für mehr als eine Million Schweizer Franken Fremdenverkehrseinnahmen gesorgt hat – und es weiterhin tut.

Doch kommen wir zurück zum November 1957, Carmen und Reinhold werden vor ihrem ersten gemeinsamen Urlaub aufgeregt sein. Die Straßen sind damals schmal und eng, manche nicht einmal geteert. Wenn ihnen ein größeres Auto entgegenkommt, muss Reinhold wieder und wieder zurücksetzen, damit die Fahrzeuge aneinander vorbeikommen. Carmen hält die Luft an, der Abgrund droht, zum Greifen nahe ist er, oftmals rechts und links in den spitzen Kehren. Reinhold sitzt souverän am Steuer und meistert alle kniffligen Situationen mit Bravour.

Endlich haben sie Davos erreicht, einen wunderschönen Ort inmitten der Alpenwelt, noch unberührt vom Trubel der späteren Zeiten. Eines der besten Gasthäuser des Ortes ist *Die Brauerei*. Dort ist noch ein Doppelzimmer frei, und Carmen und Reinhold können sich von der strapaziösen Reise erholen.

Beide fahren nicht Ski, aber die Schneemassen, die hier oben bereits im November für eine dicke weiße Decke sorgen, sind genauso faszinierend, wenn man sie erwandert oder nur betrachtet. Alles ist neu hier oben, die Promenade, das Alpenpanorama mit der im Schnee glitzernden Sonne, die Fahrt mit der Schatzalp-Bahn. An blank gescheuerten Holztischen sitzen sie und erfreuen sich an der gutbürgerlichen Küche im Restaurant. Nachmittags sitzen sie manchmal in ihrem Zimmer auf dem Bett und spielen Mühle oder Karten. Unbeschwerte, glückliche Tage sind das in diesem idyllischen Ort, der ihnen im Laufe der Jahre fast zur zweiten Heimat werden wird.

Die Welt sieht wieder etwas freundlicher aus, die Europäische Wirtschaftsgemeinschaft, kurz EWG, wird gegründet, John Lennon und Paul McCartney lernen sich in Liverpool auf einem Kirchenfest kennen und schreiben bald darauf mit den Beatles Musikgeschichte. Auch in Künzelsau geben die Entwicklungen der Firma Anlass zur Zufriedenheit. Im Jahr darauf führt Reinhold Würth ein neues Provisionssystem für die Verkäufer ein, immer mehr liegen ihm neben den geschäftlichen Erfolgen auch die Zufriedenheit der Mitarbeiter (rund ein halbes Dutzend an der Zahl) und deren Motivation am Herzen.

Oder, um einen Ausspruch des österreichischen Malers und Grafikers Friedensreich Hundertwasser zu zitieren, der in der Sammlung auch mit seinem Werk *366 Balance oculaire III* vertreten ist:

Friedensreich Hundertwasser
*366 Balance oculaire III,
Augenwaage III*, 1958
Sammlung Würth,
Inv. 7253

»Ich will zeigen, wie einfach es im Grunde ist, das Paradies auf Erden zu haben.«

Zufriedene Mitarbeiter sind gute Mitarbeiter, so einfach ist das.

Das kleine Paradies des jungen Paares wird durch die Geburt der Tochter Marion am 17. November 1958 erweitert, ein Jahr nach der Traumreise in die Schweizer Berge. Carmen hat schon ziemlich starke Wehen, die Geburt steht kurz bevor. Für Männer ist das zu jener Zeit Frauensache, eine andere Welt, in die man nicht hineinsehen kann und will. Reinhold erklärt seiner Frau, die sich bereits im Minutentakt unter den Wehen windet, sie solle sich umdrehen, das verginge schon wieder …

Aber er lässt sich dann doch überzeugen, dass es besser sei, ins Krankenhaus zu fahren, und so gibt er sein »Fraule«, wie er sie noch heute oft liebevoll nennt, im Diakonie-Krankenhaus in Schwäbisch Hall ab. Bei der Geburt anwesend sein? Nein, das geht nun wirklich über seine Kräfte – und auch Carmen ist es lieber, er wartet draußen vor der Tür. Es dauert nicht allzu lange, und dem stolzen Vater wird ein kleines Mädchen präsentiert, gesund und kräftig.

Für Reinhold Würth und sein stetig wachsendes Unternehmen geht es weiterhin aufwärts, erstmals überschreitet im Jahr 1959 der Jahresumsatz die magische Grenze von einer Million D-Mark. Der Unternehmer gewährt seinen Mitarbeitern weitere Sozialleistungen und schließt spezielle Versicherungen für sie ab.

Kurze »Zweisamkeit« beim Betriebsausflug 1959

Eheglück und Wirtschaftswunder

Die Firma Adolf Würth OHG wird auf der Preisliste 1959, einem offiziellen Verzeichnis, zum ersten Mal als »Schraubenfabrik« geführt, denn im November 1958 hat man auch mit der Fabrikation von Schrauben begonnen, im Keller des Firmengebäudes, mit drei Maschinen.

Die mageren Jahre sind also endlich vorbei: Wirtschaftswunder und Vollbeschäftigung sorgen für allgemeines Wohlergehen. Parallel dazu aber steuert der Kalte Krieg seinem Höhepunkt entgegen. Davon ist man in Künzelsau nicht

Reinhold Würth bei einer Geschäftsreise in Hamburg, 1960

direkt betroffen, die Firma wird erweitert, und der junge Reinhold Würth beginnt eine seiner lebenslangen Leidenschaften zu kultivieren: Er absolviert – noch als Passagier – seinen ersten Flug von Stuttgart nach Hamburg. Viele Flüge als Pilot am Steuerknüppel werden später folgen.

Während in Berlin 1961 Arbeiter der DDR unter den ungläubigen Augen der ganzen Republik damit beginnen, eine Mauer zwischen Ost und West hochzuziehen, wächst die Adolf Würth OHG Schritt für Schritt. Ein erster Verkaufskatalog zeugt vom steigenden Erfolg, genauso wie die ersten Auslandsgesellschaften 1962 in den Niederlanden, der Schweiz und Österreich. Die Gründungen verlaufen letztlich immer nach dem gleichen Muster: Mit etwa 300 Artikeln wird ein gängiges Warensortiment zusammengestellt, das einen Gesamteinkaufswert von vielleicht 10.000 D-Mark hat.

Die erste Zweigstelle befindet sich in den Niederlanden. Einige Anlaufschwierigkeiten, die sich hier ergeben, sind bei den folgenden Niederlassungen aus dieser Erfahrung heraus überwunden.
 Bei diesem Holland-Experiment spielt Henk Lastdrager eine wichtige Rolle. Er ist ein zurückhaltender, wohlkalkulierender Kaufmann. Reinhold Würth hat zu ihm Kontakt gesucht, um von ihm als dem Repräsentanten der Firma AMP Deutschland beliefert zu werden. Es dauert ein wenig, ihn zu überzeugen, aber schon bald beginnen die beiden Männer dem Gedanken einer Würth-Niederlassung in Holland einiges abzugewinnen.
 Ein niederländischer Kaufmann wird gefunden, es handelt sich um den schon fast 70-jährigen Herrn den Hartog. Er soll mit ein paar Musterkarten in den Niederlanden mit dem Geschäft beginnen. Lastdrager hatte ihn mit Reinhold Würth für diese Zwecke zusammengebracht. Doch er ist ein in diesem Metier unerfahrener und nicht mehr sehr agiler Partner. Seine Ergebnisse sind niederschmetternd. Also reist der junge Reinhold Würth selbst nach Holland und besucht mit den Hartog zusammen die Kunden. Er versteht sein Geschäft, und so kann er auch im Ausland erstmals einige Aufträge an Land ziehen. Er überredet Henk Lastdrager, die niederländische Würth-Niederlassung zu gründen, und beteiligt ihn mit zehn Prozent. Die Ware wird erst einmal in Lastdragers Garage gelagert.

Zusammen suchen die Männer dann in s'Hertogenbosch ein geeignetes Domizil und werden in der Nähe des Bahnhofs fündig, nachdem sie viel angeschaut haben, was ihnen für ihre Zwecke nicht geeignet erschien.

Reinhold fährt nun oft in die Niederlande, um beim Verkauf zu helfen. Er übernachtet im Hotel Royal und freut sich schon im Vorhinein auf das herrliche Frühstück in diesem Hotel. Ein Raum mit Fenstern bis zum Boden, auf den Tischen dicke, teppichartige Filzdecken, die jedes Klirren von Besteck oder Porzellanscheppern verschlucken. Ein Kaffee, kräftig, schwarz und stark, von dem man in Deutschland nur träumen kann, dazu Schinkenscheiben, gekochte Eier und weiche, längliche Milchbrötchen, die auf der Zunge zergehen. Während des frühen Mahls gegen 7 Uhr fahren vor dem Fenster Hunderte von Fietsen vorbei, Radfahrer, die zu ihren Arbeitsplätzen und Geschäften unterwegs sind. Ein herrlicher Morgen, den Reinhold jedes Mal außerordentlich genießt und nach dem er seine Arbeit noch lieber beginnt. Einziger Wermutstropfen: das Fehlen der kleinen Marion und von Carmen, die bereits mit ihrem zweiten Kind schwanger ist.

Carmen liegt wieder in den Wehen, doch dieses Mal muss sie Reinhold nicht erst lange überzeugen, dass man die Klinik ansteuern solle. Wieder ist das Diakonie-Krankenhaus in Schwäbisch Hall die Anlaufstelle, am Nachmittag des 8. Oktober 1961 treffen sie dort ein – und werden gleich wieder fortgeschickt, weil die Ärzte glauben, dass das zweite Kind noch ein paar Tage auf sich warten lassen werde. Reinhold und Carmen nutzen den schönen Tag, um sich am Haalplatz in der Nähe des dortigen Kurhauses auf eine Bank zu setzen. Doch diese Idylle lässt sich nicht lange durchhalten – in der Nacht zum 9. Oktober wird Bettina geboren.

Carmen ist froh und doch enttäuscht, dass es wieder ein Mädchen ist, sie hat ihrem Reinhold doch einen Jungen versprochen. Sie vertröstet ihn mit den Worten: »Du bekommsch dei Buale scho noch!«

Nach allen Seiten hin öffnen sich die Türen, Chancen werden sichtbar, im Unternehmen, in Deutschland und in der Welt.

Auch in der Kunst dieser Jahre spiegelt sich diese Helligkeit wieder, zum Beispiel in der Farbigkeit und dem Licht, Elemente, die auch die Werke der Malerin

Eheglück und Wirtschaftswunder

Sonia Delaunay-Terk
Mallarmé, 1961
Sammlung Würth,
Inv. 1932

Sonia Delaunay kennzeichnen. Ein besonderes Beispiel hierfür ist das 1961 entstandene Werk, das dem französischen Dichter Stephane Mallarmé gewidmet ist: *Mallarmé*. Sie lässt sich in immer neuen Varianten von Dichtung und Malerei inspirieren, experimentiert zusammen mit ihren Poetenfreunden wie Tristan Tzara oder Philippe Soupault bei den regelmäßigen Treffen im Hause Delaunay, um neue Verbindungsmöglichkeiten von Sprache und Farbe, Formen und Bewegung zu finden. Ihr Ruf als eine der wichtigsten Künstlerinnen des 20. Jahrhunderts bezieht sich genauso auf ihre experimentellen Gestaltungen in der bildenden Kunst wie auf ihre zahlreichen Entwürfe zu Kostümen, Kleidern und Bühnendekorationen als Gesamtkunstwerken. Alles ist wieder möglich.

Im Jahr darauf, 1962, protestieren Christo und Jeanne-Claude in Paris mit ihrer ersten spektakulären Aktion gegen den Mauerbau in Berlin, die das Paar schlagartig bekannt macht. Auch mit diesen beiden Künstlern wird Reinhold Würth später eine innige Freundschaft verbinden. So wie mit Georg Baselitz, dessen Anfänge von vielen Misserfolgen und Skandalen begleitet werden. Hans-Georg Kern, wie er eigentlich heißt, verbringt seine Kindheit und Jugend in der DDR, was ihn und seine Kunst nachhaltig prägt. Immer wieder eckt er mit seiner provokanten Malerei an, seine Proteste richten sich gegen eingeforderte Unterordnung und Gehorsam im Sozialismus, er wird der Hochschule in Berlin Ost verwiesen und selbst im Westen werden ihm Anerkennung und Ruhm erst mal verwehrt. 1961 benennt er sich nach seinem sächsischen Heimatort Deutschbaselitz in Georg Baselitz um. *Der Haken* ist eines jener Werke, die u.a. von der Staatsanwaltschaft als Erregung öffentlichen Ärgernisses abgelehnt werden.

Ganz anders arbeitet Rudolf Hausner, dessen *Kleiner Narrenhut* ebenfalls die Stimmung dieser Zeit wiedergibt. Auch er ist im Laufe der Jahre ein guter Bekannter des Ehepaares Würth geworden, das bis kurz vor seinem Tod im Jahr 1995 in regelmäßigem Kontakt zu ihm steht.

    Rudolf Hausner ist ein Künstler, der zwar zu den Hauptvertretern der Wiener Schule des Phantastischen Realismus gehört, unter dem Einfluss der Lehren Sigmund Freuds mit seiner Kunst ähnlich wie der Franzose André Masson jedoch in das Unbewusste vorrücken möchte. Gefühle, Erfahrungen gestaltet er immer wieder neu in den unterschiedlichsten Spiegelbildern seiner selbst:

Eheglück und Wirtschaftswunder

Georg Baselitz
Der Haken, 1962
Sammlung Würth,
Inv. 11046

Sein Alter Ego Adam – im Matrosenanzug oder mit dem Narrenhut – begleitet ihn sein Leben lang. Der Mann, der den fast lächerlich wirkenden Narrenhut trägt, ist todtraurig, resigniert und im Zustand ziemlicher Verwirrtheit, was der Hintergrund des Werks deutlich macht. Eine Verwirrtheit, die aber auch zum Ziel führen kann, man könnte sie auch »Fantasie« oder »Kreativität« nennen. Dies ist eines von rund 40 Werken, mit denen Hausner in der Sammlung Würth vertreten ist.

Rudolf Hausner
Der kleine Narrenhut, 1963
Sammlung Würth,
Inv. 3382

Familiengeschicke

Reinhold Würth expandiert mit seiner Firma, es kommen Firmensitze in Italien, Dänemark und Belgien hinzu, die Adolf Würth OHG wird wenig später in eine Kommanditgesellschaft umgewandelt. Reinhold Würth muss mittlerweile für eine fünfköpfige Familie sorgen, denn am 4. März 1965 hat ihm seine Frau endlich den ersehnten Sohn und »Stammhalter« Markus geboren. Carmen hat mit den drei Kindern alle Hände voll zu tun, während Reinhold in seinem Betrieb aufblüht.

Im gleichen Jahr beziehen Bundeskanzler Ludwig Erhard und seine Frau Luise den neu erbauten Kanzlerbungalow in Bonn, es ist ein Entwurf des Architekten Sep Ruf, der wenige Jahre später das zweite Würth-Verwaltungsgebäude in Gaisbach bauen wird. An begleitende Museen und fulminante Kunstsammlungen denkt noch keiner, doch die beiden Pole Kunst und Sammler steuern unweigerlich aufeinander zu.

Dieses Thema wird sich erst später Bahn brechen, denn zunächst erfordert ein anderes Ereignis die volle Aufmerksamkeit der jungen Familie. Ein schwerer Schicksalsschlag, der ihr letztlich trotz allem Leid und aller bitteren Erfahrung zu ganz neuen Sichtweisen und Erkenntnissen verhilft. Markus ist ein aufgewecktes Baby, rosig, kräftig, zufrieden. Er gedeiht und wächst und kann schon bald seine ersten Worte sprechen und an der Hand der Mutter ein paar Schritte wagen. Mit einundhalb Jahren bekommt der Bub hohes Fieber, immer wieder aufs Neue, es steigt und sinkt, aber es klingt nicht ab. Markus ist wie ausgewechselt, bleibt in seiner Entwicklung gegenüber Gleichaltrigen zurück, weist eine gestörte Feinmotorik auf. Eine Odyssee durch Arztpraxen und Krankenhäuser beginnt, die Mediziner fühlen sich nicht wirklich zuständig, sie zucken nur hilflos mit den Schultern, raten, das Kind »weiterhin zu beobachten«, als wenn Carmen und Reinhold das nicht schon seit den ersten Auffälligkeiten machten.

Doch sie lassen nicht locker, finden Spezialisten, die sie an wieder neue Spezialisten verweisen. Nach einiger Zeit aber wird klar, dass eine Impfung, damals Pflicht für jedes Kleinkind, für den desolaten Gesundheitszustand des Babys verantwortlich ist.

Erst nach einigen Jahren intensiver Pflege und Betreuung innerhalb der Familie stabilisiert sich der Körper von Markus ganz allmählich. Die Schäden des Gehirns jedoch sind irreparabel und markieren den zentralen Einschnitt im Lebensweg der Familie Würth. Vieles wird sie nun in einem anderen Licht betrachten. Der Mensch mit seinen Unzulänglichkeiten, Gaben, Begabungen und Schwierigkeiten, all seinen Persönlichkeitsmerkmalen ist es, den Reinhold und Carmen für sich in den Mittelpunkt stellen wollen. Hilfe zur Selbsthilfe, Verantwortung übernehmen und Verantwortung übergeben. Würth ist noch nicht das Unternehmen, das man heute kennt, sondern ein eher unbekanntes Handelsunternehmen, dem nichts geschenkt wird. Sie müssen kämpfen, um eine geeignete Betreuung für Markus zu finden, erleben Rückschläge und suchen nach neuen Möglichkeiten. Die Eltern und auch die Schwestern Marion und Bettina nehmen Markus mit, wo immer es möglich ist. Jeder kann so sehen: Der geistig behinderte Sohn ist Teil dieser Familie.

Als Markus zu einem jungen Mann herangewachsen ist, sucht die Familie ein Umfeld, in dem Menschen mit einem Handicap langfristig Entwicklungsmöglichkeiten haben und Lebensglück erfahren können. Im nordhessischen Hügelland nahe der Stadt Fulda werden sie fündig.

Nicht abgeschoben werden, sondern integriert leben, in respektvollem Miteinander, das sind Merkmale, die auch das gesamte soziale Engagement der Familie Würth bis heute bestimmen.

Kunst und Wachstum

Reinhold reist viel, alleine und mit seiner Familie, er sieht mit seiner Frau Japan, erkundet die Fjorde Norwegens und schaut immer weiter über den Tellerrand, in jeder Beziehung. Künstler werden ihn inspirieren, ihre Kunst, ihre Lebensform, ihre Radikalität, die oft konträr zum Leben eines erfolgreichen schwäbischen Kaufmanns stehen, aber gerade dadurch einen Reiz auf den ausüben, der offen und wissbegierig ist.

Er wird später in einem Interview mit *The Art Newspaper* bekennen:

»Sometimes I would love to be free from conventions ... as the artists are.« (Manchmal wäre ich gerne von Konventionen frei gewesen ... wie die Künstler.)

Dabei denkt er sicher an Künstler wie den Bildhauer, Zeichner und Grafiker Alfred Hrdlicka, den Reinhold Würth 1987 im Rahmen der Frankfurter Buchmesse kennen- und schätzen lernt. Der Wiener Künstler ist einer, der durch seine Provokationen bis zu seinem Tod 2009 bekannt, verehrt und gehasst wird. Ein polternder Geist mit manchmal zartem Innenleben, auch er später ein Duzfreund von Reinhold Würth, ungeachtet der unterschiedlichen politischen Standpunkte, die die beiden ungleichen Männer vertreten.

Hrdlicka versteht sich zeitlebens als Antipode zur gängigen Kunst, er will mit seinen Werken protestieren, anprangern, er setzt sich ein gegen Unterdrückung und Machtmissbrauch, die er an vielen Stellen ausmacht. Aufrüttelnd, mahnend und irritierend. Er stellt die Menschen schonungslos und oft verstörend dar, als Modelle und Motive dienen ihm schon früh Prostituierte, wie auch bei der Skulptur *Hansi – Illusion perdue*. Verlorene Illusion, Desillusion. Das ist das, was die Frau, eine stämmige, alternde Hure namens Hansi umgibt, verstärkt durch ihre Körperhaltung und die grobe Bearbeitung des Steins. Ein Mensch, der den Zwang und das auferlegte Leid zeigt, keine Zurschaustellung einer Prostituierten, sondern Darstellung von Aussichtslosigkeit.

Kunst und Wachstum

Alfred Hrdlicka
Hansi – Illusion perdue, 1965
Sammlung Würth, Inv. 3085

Menschen würdig zu behandeln, sie zu unterstützen, sie zu motivieren, das ist eine der Ideen innerhalb des Unternehmens Würth, die immer größere Kreise ziehen.

Erste Auslieferungslager entstehen in München und Berlin, 42 Verkäufer gehören schon zur Firma, und als Reinhold Würth prognostiziert, bis zum Jahr 1974 100 bis 120 Verkäufer beschäftigen zu können, erheitert er die Runde seiner Mitarbeiter sehr – doch schon 1970 wird diese Zahl erreicht.

1967 ist Würth erstmals auf der Internationalen Automobilausstellung in Frankfurt vertreten und hat das Programm um ein erstes Chemieprodukt erweitert, das sich gleich blendend verkauft.

In Berlin und anderen Metropolen toben die Studentenunruhen, es beginnen sich neue Formationen innerhalb der Gesellschaft zu etablieren. Die Kluft zwischen konservativ und progressiv wird immer größer.

Das Augenmerk der Firma Würth liegt weiterhin auf Expansion, 1969 wird Würth USA als erste Gesellschaft außerhalb Europas mit Firmensitz in New Jersey gegründet.

Für Reinhold Würth und seine Liebe zur Kunst ist eine Begegnung im Jahr 1969 an Bedeutung nicht zu überschätzen: Er lernt über seine Frau den Fotografen Paul Swiridoff kennen. Das neue Verwaltungsgebäude in Gaisbach ist gerade bezogen und Carmen möchte ihren Mann mit einer Reihe von Fotos dieses Gebäudes überraschen. Sie beauftragt Swiridoff, den die Architektur sofort beeindruckt und der sich als ein Meister seiner Arbeit erweist.

Immer enger wird die Freundschaft zwischen Swiridoff und Reinhold Würth, die letztlich dafür verantwortlich ist, dass Reinhold seine Lust und seine Liebe zur Kunst in eine Sammlung legt. Nicht nur durch das, was Swiridoff selbst zu Hause an den Wänden hängen hat, weckt er Reinholds Interesse, auch die Erzählungen und Geschichten aus seiner Zeit als Galerist nach Kriegsende, wo er zahlreiche Ausstellungen mit Werken zeitgenössischer Kunst präsentiert hat, animieren den jungen Unternehmer, sich für das Sammeln von Kunst zu begeistern.

Die schon erwähnte *Wolkenspiegelung in der Marsch* von Emil Nolde aus dem Jahr 1935, dem Geburtsjahr von Reinhold Würth, wird das erste bedeutende Bild seiner Sammlung sein, erworben 1971 für 60.000 D-Mark.

Nichts scheint mehr unmöglich.

Kunst und Wachstum

Reinhold Würth und der Fotograf Paul Swiridoff anlässlich dessen Ausstellung *Gesichter einer Epoche*, Museum Würth, 1997

Die Firma Adolf Würth ist bereits zu einem kleinen Imperium geworden – am Jahresende 1970 feiert man das 25-jährige Bestehen des Unternehmens, dem mittlerweile mehr als 800 Mitarbeiter angehören.

In der Welt sind es die Jahre des Aufbruchs, aber auch des Protestes gegen Althergebrachtes, gegen reaktionäres Denken, gegen den Muff von tausend Jahren, nicht nur unter den Talaren. Allmählich verändern sich die Werte der Gesellschaft, man arbeitet verstärkt die Zeit des Nationalsozialismus auf, man nähert sich, ausgelöst durch die Ostverträge, schrittweise dem Osten an. Die erste Ölkrise führt zu Sonntagsfahrverboten, erste Umweltaktionen, die damit einhergehen, verändern in Teilen der Bevölkerung das Bewusstsein. Alle werden aber gleichzeitig auch verunsichert durch den Terrorismus aus dem extremen linken Spektrum, der die allmähliche Aufwärtsbewegung bedroht und 1977 im Deutschen Herbst seinen Höhepunkt finden wird.

Alles ist im Wandel, und natürlich bemüht man sich gerade in der Kunst auf unterschiedlichste Weise, eine neue, zeitgerechte Bildsprache zu finden. HAP Grieshaber ist einer der Mitbegründer dieser Neuen Figuration, die es sich zur Aufgabe macht, die Beschädigungen des Menschen durch Diktatur, Krieg und

Technikwahn aufzuzeigen. Er findet dafür Motive und bildliche Erzählelemente in der griechischen Mythologie, der christlichen Religion, aber auch in den Erlebnissen seines Alltags. Er will, so der Künstler selbst, die großen Themen der Menschheit angegangen wissen.

Einer seiner Schüler, Horst Antes, baut auf diesen Themen auf und entwickelt sie weiter. Bei der *Figur im preußischblauen Kleid mit Kuana-Vogel* sind es die für Antes so typischen blockhaften Figuren, die sowohl christliche Symbole wie die Wundmale an der Hand aufweisen als auch Zeichen aus indianischen Kulturen wie die schematisch-geometrisch dargestellte Gestalt des Vogels bemühen.

Horst Antes, der lange Zeit als Professor in Karlsruhe und Berlin lehrt, wird ebenso ein geschätzter Bekannter von Reinhold Würth, nicht zuletzt durch seinen Beistand beim Aufbau der zu dem Zeitpunkt noch kleinen Würth'schen Kunstsammlung.

Parallel zu den sich stetig steigernden Erfolgen des Unternehmens hat Reinhold Würth eine Firmenphilosophie für seine Mitarbeiter entwickelt, die er 1975 der Belegschaft vorstellt. Darin werden grundsätzliche Ziele, Rahmenbedingungen und Reglements des Unternehmens festgelegt, eine neue Konzernstruktur entsteht. Viele Aktivitäten gibt es mittlerweile bei der Firma Würth, in verschiedenen sportlichen Disziplinen können sich die Mitarbeiter fit halten und für persönliche Umsatzsteigerungen gibt es attraktive Prämien, dazu später eine Würth-Ehrennadel als Anerkennung für besondere Leistungen.

Auch der Beirat der Würth-Gruppe wird ins Leben gerufen. Zum ersten Vorsitzenden wird Professor Bruno Tietz von der Universität Saarbrücken berufen, den Reinhold Würth beim Gottlieb-Duttweiler-Institut kennen- und schätzen gelernt hat. Der Beirat ist ein Gremium, dessen Bedeutung Reinhold Würth bis heute immer wieder hervorhebt. Er komme in seiner Stellung dem Aufsichtsrat einer Aktiengesellschaft gleich. Derzeit (2015) ist Bettina Würth Vorsitzende dieses Beirats.

Das Leben leuchtet an vielen Stellen, kreatives Potenzial und der Gedanke, dass nichts unmöglich ist, motiviert die Menschen, nach vorne zu schauen. Überbordend und ausfernd sind auch manche Antworten der Kunst auf diese Grundstimmung, die gleichzeitig kritisch gespiegelt wird. Walter Stöhrer, auch

Horst Antes
*Figur im preußischblauen Kleid
mit Kuana-Vogel*, 1972
Sammlung Würth,
Inv. 2299

Walter Stöhrer
Hirnmodulator, 1975
Sammlung Würth,
Inv. 6374

er ein Schüler von HAP Grieshaber, beschreibt in seinem Werk *Hirnmodulator* fast einen halluzinatorischen Zustand; wie berauscht von den Formen und Ideen kombiniert er bunte Farbströme mit linearen Elementen. Schrift, Zeichnung und Malerei fließen ineinander, ein Stil, den er selbst als »intrapsychischen Realismus« bezeichnet.

Die Realität nimmt man auch in der Firma Würth wahr, und man ist immer bestrebt, sie weiter zu verbessern. So entwickelt man nach Untersuchungen des Würth-Außendienstes zusammen mit der Universität Saarbrücken ein neues Preis- und Provisionssystem, um Leistungsanreize zu schaffen; die erste Unterschriftenmaschine zur Unterzeichnung von Schecks wird gekauft und Reinhold Würth setzt sich für den Motorsport ein, indem er das neu gebildete Juniorenteam von BMW mit seinen Fahrern Marc Surer, Manfred Winkelhock und Bruno Giacomelli unterstützt. Ein weiterer Aspekt des Würth-Unternehmens, die Förderung von Sport auch außerhalb des Konzerns, beginnt und wird immer größere Kreise ziehen, bis es im Laufe der Jahre viele Sportveranstaltungen geben wird, die auch das »Würth«-Zeichen des Sponsors aufweisen.

Um alle Mitarbeiter auf dem Laufenden zu halten, erscheint 1977 im April die erste Ausgabe der Mitarbeiterzeitschrift *Bild-kontakt*.

Das neue Vertriebszentrum in Gaisbach nimmt seinen Betrieb auf und wird schon bald als ein »Mekka der Förder- und Lagertechnik« bezeichnet. Reinhold Würth strebt weiter voran in seinem Engagement für ein gutes und effektives Betriebsklima, er gründet 1978 den »Club der 80.000 DM Männer«, eine Vereinigung der Elite unter den Würth-Verkäufern, die später in den »Erfolgsclub« münden wird.

Die Kunstsammlung von Reinhold Würth wächst nebenbei weiter, immer öfter nimmt er Gelegenheiten wahr, um Kunst zu kaufen und damit auch zu fördern. Viele Werke von Anselm Kiefer sind dabei, schon lange ein Bekannter des Sammlers. Kiefer gehört, ähnlich wie Joseph Beuys, zu den Künstlern, die große Kontroversen darüber auslösen, ob ihre Werke eine politische Dimension haben. Er variiert ähnliche Gedanken in immer wieder neuen Ausformungen oder Übermalungen. Seine Bildtitel sind vielfach Zitate von Dichtern wie Paul Celan oder Ingeborg Bachmann, um die Assoziationen des Betrachters noch weiter

Kunst und Wachstum

Kunst und Wachstum

Anselm Kiefer
San Loretto,
1976–2007
Sammlung
Würth,
Inv. 11541

zu lenken. Das Werk *San Loretto* gehört zu einer Vielzahl von Bildern, in denen Engel, Flügelgestalten eine große Rolle spielen. Düster oder schwebend leicht stehen sie für ein Erzählmotiv, hier greift es die Legende von dem Geburtshaus der Maria auf. Es sei von Engeln aus dem Heiligen Land nach San Loreto in Italien gebracht worden. Die wunderbare Idee von einem festen Körper, der sich bewegt, sich auflöst und sich woanders wieder aufbaut. Und Kiefer konstatiert weiter: Dies sei eine genauso verrückte Vorstellung und Behauptung wie die Jungfräulichkeit Mariens.

Zur Zeit der Entstehung entzieht der Vatikan, dem nun, 1979, der polnische Papst Johannes Paul II. vorsteht, dem gebürtigen Schweizer Theologen Hans Küng, der in Tübingen lebt und lehrt, die Lehrerlaubnis wegen seiner kirchenkritischen Veröffentlichungen. Doch die römisch-katholische Kirche hat den universalen Denker unterschätzt. Der Versuch, ihren schärfsten Kritiker zu isolieren, scheitert. Die Macht des Papstes reicht weit, sie hätte das Leben dieses Priesters und Professors zerstören können. Doch Küng wehrt sich – und bleibt katholischer Theologe. Er erschließt sich neue Felder und wird weltweit als einer der großen wegweisenden Denker angesehen. Mehrere Begegnungen zwischen dem streitbaren Theologen und Reinhold Würth, der dem neuapostolischen Glauben angehört, folgen in späteren Jahren.
Hans Küng sagt über Reinhold Würth:
»Es gibt ja Leute, die schaufeln nur Geld für sich, aber Reinhold Würth hat auch großzügig wieder ausgegeben. Und er hat dabei die Erfahrung gemacht, dass, wenn man rausgibt, dann auch wieder was reinkommt.«

Innerhalb der Würth-Gruppe nimmt erstmals 1980 ein fünfköpfiges Gremium als oberste Managementebene seine Arbeit auf, ein Kundenbeirat wird 1981 gegründet, dessen Vorsitzender Hermann Maier aus Markgröningen, Innungsmeister des Schreinerhandwerks, ist und den man wegen seiner vielen Reisen für das Handwerk auch »Weltmaier« nennt.
Weltumspannend ist auch bald die Würth-Gruppe, denn nach der Gründung eines Einkaufsbüros 1981 in Hongkong folgt 1982 in Australien die Gründung einer weiteren Würth-Gesellschaft, und damit ist Würth nunmehr auf vier Kontinenten vertreten.

Kunst und Wachstum

Henry Moore
Large Interior Form, 1982
Sammlung Würth,
Inv. 7350

Kunst und Wachstum

Roy Lichtenstein
Painting: Map, 1984
Sammlung Würth,
Inv. 3863

In Deutschland befindet man sich immer noch im Kalten Krieg, Ost und West richten mit der Stationierung von Mittelstreckenraketen noch einmal ihr erschreckendes Bedrohungspotenzial auf. 1983 hat der Deutsche Bundestag diese Stationierung gebilligt und bringt erste Teile einer Pershing II auf den Armeestützpunkt im schwäbischen Mutlangen.

Zum ersten Mal gewinnt eine deutsche Sängerin den Grand Prix d'Eurovision. Der Titel ihres Liedes lautet: »Ein bisschen Frieden« ...

Im gleichen Jahr fällt das Magazin *Stern* auf die angeblichen Tagebücher Adolf Hitlers herein, publiziert sie mit lautem Getöse und muss bald darauf eingestehen, einer Fälschung aufgesessen zu sein.

Im Gegensatz zum gesellschaftlichen Furor der Extreme und Auffälligkeiten dieser Jahre, der sich in immer schrilleren Moden, Musikrichtungen und Lebensarten zeigt, bemüht man sich in der Kunst jetzt eher um eine Synthese der Extreme der letzten Jahrzehnte. Henry Moore ist derjenige, der in seinen Skulpturen vieles zu einem neuen Ganzen bringt. Der Engländer ist eine der zentralen Bildhauerpersönlichkeiten. Nach dem Zweiten Weltkrieg hat er das Hauptaugenmerk auf Bronze gelegt, er schafft Skulpturen, die Platz brauchen und in der Landschaft oder im Zusammenspiel mit Architektur ihre Aussage noch verstärken. Gerade in seinem Spätwerk (Moore stirbt 1986) steigert er seine Plastiken ins Monumentale. Wie ein menschlicher Körper ragt *Large Interior Form* mehr als fünf Meter in die Höhe. Eine Verbindung von innerer umschließender und äußerer umhüllender Form.

Eine ganz andere Richtung schlagen die jungen Künstler der Pop-Art um Roy Lichtenstein, einen ihrer Hauptvertreter, ein. Kitsch und Konsum als Massenphänomen werden thematisiert, kritisiert und erhalten eine künstlerische Antwort durch Comics und Cartoons. Teilweise wirken diese Bilder wie Werbeplakate, auseinanderdividiert werden sie auf Einzelexemplare reduziert und wirken dadurch noch absurder. 1984 entsteht *Painting: Map* von Roy Lichtenstein, in dem er zwei völlig unterschiedliche Motive wie beliebig nebeneinanderstellt. Links die Weltkarte in Gelb, scharf umrissen, und rechts eine gerahmte Malerei mit unterschiedlich groben Pinselstrichen. Ein Verwirrspiel für den Betrachter, der nicht mehr weiß, was ihm hier eigentlich gezeigt werden soll. Unergründlich und doch ganz klar.

Unternehmen und Zeitgeschichte

1985 darf gefeiert werden! Das Unternehmen Würth schaut bereits auf ein 40-jähriges Bestehen zurück und begeht dieses Jubiläum mit den spektakulären »Happy Days«.

Glamouröse Gäste geben sich über drei Tage im Zirkus-Krone-Zelt ein Stelldichein, denn es gilt zudem den 50. Geburtstag von Reinhold Würth zu feiern. Als Krönung dieser Lebensetappe wird der Unternehmenschef außerdem in diesem Jahr mit dem Bundesverdienstkreuz ausgezeichnet, und damit nicht genug: Am Jahresende verzeichnet die Würth-Gruppe erstmals mehr als eine Milliarde D-Mark Umsatz.

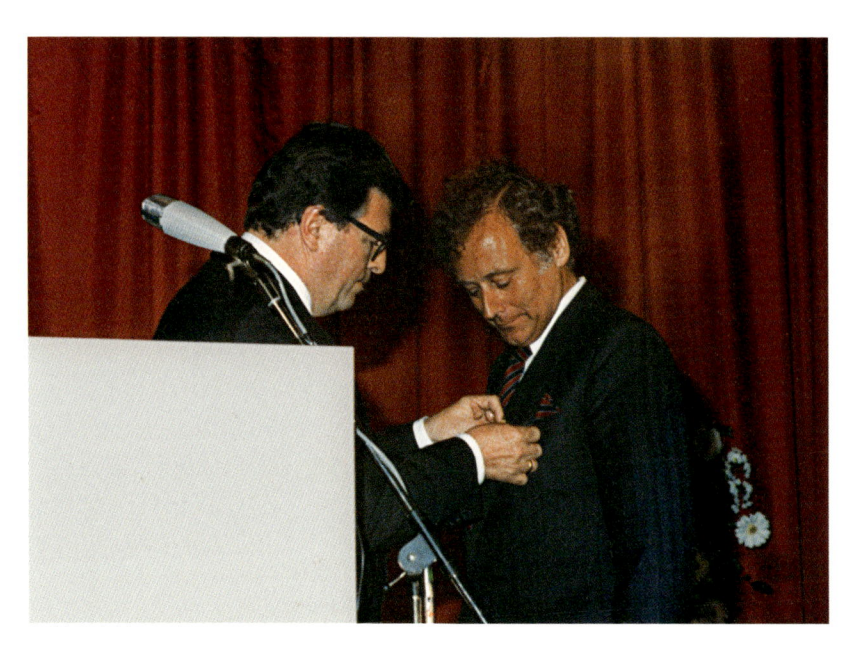

Verleihung des Bundesverdienstkreuzes durch den damaligen Bundestagspräsidenten Philipp Jenninger an Reinhold Würth, 1985

Unternehmen und Zeitgeschichte

Reinhold Würth
bei einer Bergtour
in Südtirol, 1988

Das Fundament dieses Unternehmens ist stabil, Reinhold Würth hat es mit seinen Mitarbeitern stetig vorangetrieben und mit Beharrlichkeit und guten Ideen zum Erfolg geführt. Ein Gesamtkunstwerk, das aber immer wieder neu geformt und interpretiert werden muss. Massiv in seinen Einzelteilen, doch mit Lücken und Aussparungen, die weitere Veränderungen und neue Konstellationen denkbar machen.

»Werden-Sein-Vergehen«, das Mantra des Reinhold Würth, der es sich nie im »Sein«, und sei es noch so vorteilhaft, gemütlich macht, der Stillstand nicht aushält, der immer neue Ideen entwickelt, um ein noch größeres Ganzes hervorzubringen und zu fördern.

In Tschernobyl kommt es am 26. April 1986 zum bis dahin größten Kernreaktorunfall der Geschichte. Tausende Tote und eine komplett verstrahlte Region sind die Folge davon.

Ein Jahr später unterzeichnen Michail Gorbatschow und Ronald Reagan in Washington den Vertrag über den vollständigen Abbau aller atomaren Mittelstreckenwaffen. Perestroika und Glasnost beginnen sich im Denken und im Sprachschatz zu verankern.

Die Firma Würth wird weiter optimiert – der Lieferantentag wird eingeführt, das Würth-Partner-Betrieb-System, das Partnerkunden besondere Dienstleistungen und Services zur Verfügung stellt, und Carmen und Reinhold Würth gründen die gemeinnützige Stiftung Würth, deren Zweck die Förderung der Wissenschaft, Forschung, Kunst, Kultur, Bildung und Erziehung sein soll.

Würth ist jetzt mit Gesellschaften in Japan und Malaysia auf allen fünf Kontinenten vertreten.

Parallel dazu ziehen die Kunstambitionen Reinhold Würths immer weitere Kreise. Eine persönliche Bekanntschaft verbindet den Sammler mit dem Briten Anthony Caro, den er als besonders fröhlichen Zeitgenossen charakterisiert. Sir Anthony Caro, dem das »Sir« nur hilfreich scheint, um einen guten Platz im Restaurant zu ergattern, hat seine Bildhauerkunst anfangs ganz in die Tradition Henry Moores und seiner Einflüsse gestellt. Auch für ihn ist die Verwendung »gefundener Objekte« lange Zeit ein wesentliches Element der Skulpturen.

Von einer inspirierenden USA-Reise zurückgekehrt, wendet er sich dem Stahl als Kunstwerkstoff zu, um in einer dritten radikalen Wende Materialien zu mixen. Nun setzt er auf einer Art Tischfläche die verschiedensten Skulpturen zusammen, sodass ein Erzählfluss entsteht: ein dreidimensionales Panorama, wie bei seinem Werk *Table Piece Y-93, The Procession of the Magi*.

Anthony Caro
Table Piece Y-93, The Procession of the Magi, 1987
Sammlung Würth, Inv. 7761

Wie ein Kontrastprogramm dazu wirkt das Gemälde *Frau vor einem Spiegel* von Fernando Botero, dem kolumbianischen Maler mit dem hohen Wiedererkennungswert.

Nicht »dicke Figuren« sind seine Sujets, die üppigen Formen seiner Figuren spiegeln vielmehr vor allem Farben, Volumen, Licht und Perspektiven. Und sie schaffen eine symbolhafte Entsprechung der Kultur seiner Heimat. Beeinflusst von den Malern der europäischen Kunstgeschichte genauso wie von der historischen Kunst seiner Heimat, von Raffael und Dürer wie von den bunt bemalten Heiligenbildern und Statuen in den Kirchen Kolumbiens, findet er zu seinem ganz eigenen Stil, der ihm bis heute größte Erfolge beschert.

Unternehmen und Zeitgeschichte

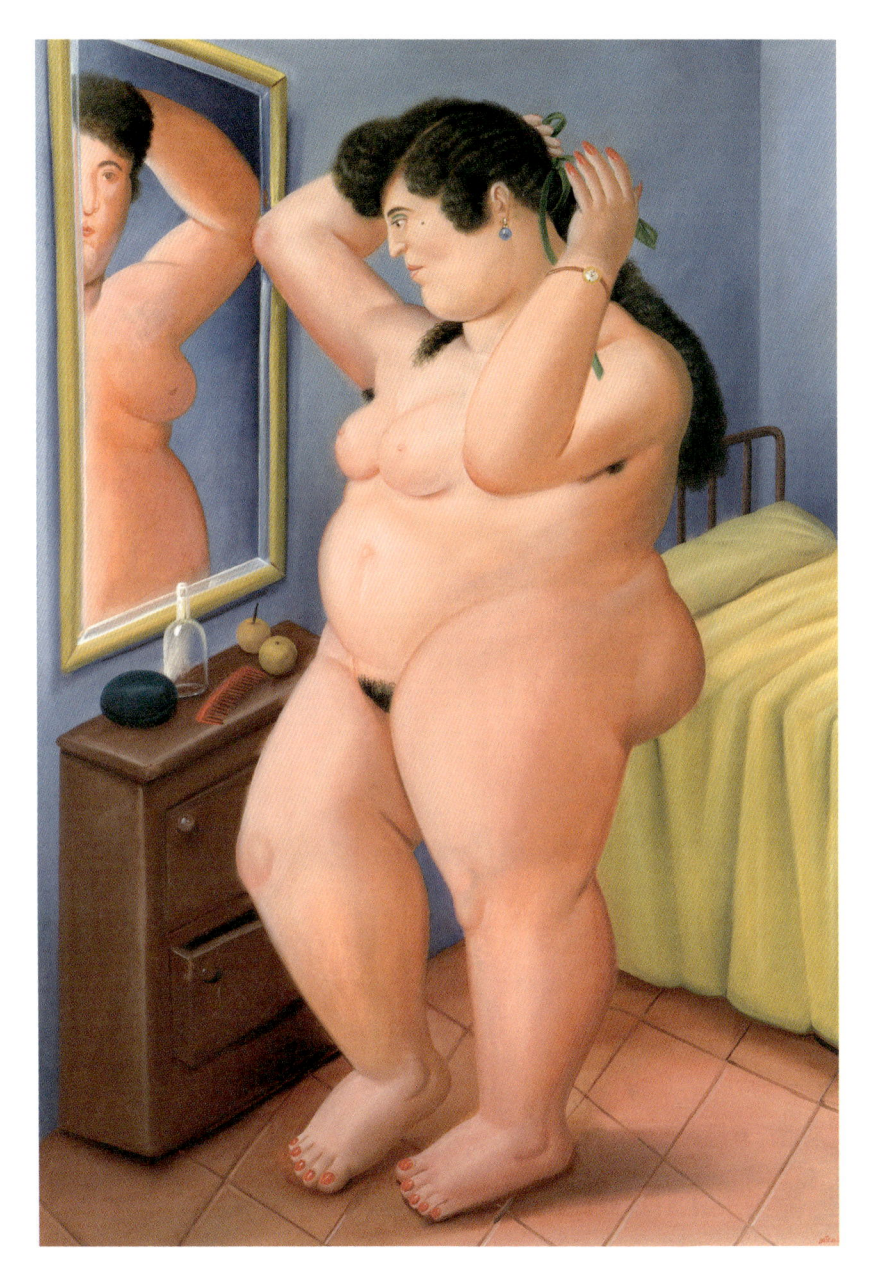

Fernando Botero
Woman in Front of a Mirror
(Frau vor einem Spiegel), 1988
Sammlung Würth,
Inv. 8134

Im Jahr 1989 wird in Gaisbach der Grundstein für das neue Verwaltungsgebäude mit integrierten Museen gelegt, das sechs Jahre später dann von Christo und Jeanne-Claude verhüllt werden wird.

In der Nacht vom 9. auf den 10. November passiert das Undenkbare – die DDR-Führung öffnet die Grenzen zur Bundesrepublik und zu West-Berlin. Am 3. Oktober 1990 kommt zustande, was keiner je geglaubt hätte: durch die

Offizielle Schlüsselübergabe für das Verwaltungsgebäude und Museum Würth in Künzelsau-Gaisbach, Reinhold Würth mit den Stuttgarter Architekten Maja Djordjevic und Siegfried Müller, 1992

Aufnahme der fünf neuen Bundesländer in die Bundesrepublik entsteht ein offiziell wiedervereintes Deutschland. Schon einige Monate zuvor hatte die Würth-Gruppe in Dresden die erste Niederlassung eröffnet.

Ende 1991 nun kann man das neue Verwaltungsgebäude in Gaisbach in Betrieb nehmen, und im angeschlossenen Museum Würth entwickelt sich die erste Ausstellung der wichtigsten Werke der Sammlung zu einem wahren Besuchermagneten.

Auch die Idee des Unternehmers vom »Würth-Campus« nach amerikanischem Vorbild nimmt Gestalt an: in der Gründung der Akademie Würth, die neben der fachlichen Weiterbildung und persönlichen Entwicklung der Mitarbeiter auch mit neuen und herausfordernden Gedanken und Meinungen konfrontieren soll. Die Vorstellung Reinhold Würths vom Life Long Learning – hier wird sie auf eindrucksvolle Weise umgesetzt.

Reinhold Würth selber wird sich bald aus der Geschäftsleitung zurückziehen, von einer Bühne, auf der er so viele Jahre agiert hat. Aber sein Stück hat noch

Reinhold Würth beim Zug mit dem Leiterwagen durch Künzelsau, 1993

viele Akte, er wird für sein vielfältiges Engagement mit Preisen überhäuft, er stiftet Auszeichnungen wie den Würth-Preis der Jeunesses Musicales Deutschland (JMD), der jährlich verliehen wird und mit 15.000 Euro dotiert ist; er initiiert die Poetik-Dozentur in Tübingen, verleiht Anerkennungen an wirtschaftlich orientierte Schulprojekte, zeichnet verantwortlich für die Gründung des Interfakultativen Instituts für Entrepreneurship an der Universität Karlsruhe und verleiht alle zwei Jahre im Gedenken an seinen engen Freund und großen dänischen Bildhauer den mit 25.000 Euro dotierten Robert-Jacobsen-Preis an bildende Künstler. Er füllt mit seinen Aktivitäten Raum und Zeit und macht sich selber die Freude, noch einmal wie als kleiner Junge mit dem Leiterwagen durch die Gassen von Künzelsau zu ziehen, so wie knapp 50 Jahre zuvor, 1945, als alles anfing…

Carmen, die ihr soziales Engagement immer weiter ausbaut, berichtet, wie einfach es ist, nach einem harten Arbeitstag den Weltkonzernlenker wieder auf den Boden zu holen – sie kocht ihm einfach sein Leibgericht, dann singen sie manchmal ein wenig zusammen, gerne einen Kanon, sie liest ihm etwas aus den Büchern ihres geliebten Dichters Friedrich Schiller vor – und der Tag endet friedlich. Meistens.

1995 stehen spektakuläre Ereignisse in Künzelsau-Gaisbach an – Christo und Jeanne-Claude, enge Freunde der Würths, werden das Reichstagsgebäude in Berlin verhüllen und sind im Vorfeld zu Gast bei Reinhold Würth, um das neue Verwaltungsgebäude samt Museen mit Stoffbahnen und Packpapier einzupacken. *Wrapped Floors and Stairways and Covered Windows* wird ein riesiger Erfolg.

Die Werke dieses Künstlerpaares, die im selben Jahr wie Reinhold Würth geboren worden sind, bilden mit rund 100 Exponaten einen weiteren Schwerpunkt in der Sammlung Würth. Sie umfassen die wichtigsten Stationen der beiden von den späten 1950er-Jahren bis hin zum letzten gemeinsam verwirklichten Projekt, *The Gates* in New York. Die Künstler sehen sich in der Tradition des neuen Realismus, der nicht Konsumgüter karikieren, sondern auf Objekte in der Natur und der allgemeinen Lebenswelt einen neuen, veränderten Blick werfen will. Verpacken und verhüllen, Landschaften oder Gebäude; wer sie einmal verhüllt gesehen hat – real oder auf Bildern –, wird ihre magische Anziehungskraft und verstörende Schönheit auf immer im Gedächtnis behalten. Erkenntnis durch Verfremdung.

Unternehmen und Zeitgeschichte

Christo und Jeanne-Claude
Wrapped Floors and Stairways and Covered Windows. Project for Museum Würth, 1995

Unternehmen und Zeitgeschichte

Reinhold Würth
mit Jeanne-Claude
und Christo im
verhüllten Verwal-
tungsgebäude in
Künzelsau-Gaisbach,
1995

Man feiert das 50-jährige Bestehen des Unternehmens Würth und die Stiftung Würth initiiert ein kulturelles Highlight, indem sie bei dem renommierten amerikanischen Komponisten und Minimalisten Philip Glass eine Sinfonie in Auftrag gibt, die vom Stuttgarter Kammerorchester und seinem Dirigenten Dennis Russell Davies im Alma-Würth-Saal uraufgeführt wird. Von seinen Mitarbeitern erhält Reinhold Würth zu diesem Jubiläum eine Harley-Davidson. Er ist viel

Reinhold Würth im Gespräch mit Philip Glass (in der Mitte Prof. Harald Unkelbach, heute Mitglied der Geschäftsleitung Würth und Vorstand der Würth-Stiftung), 1995

unterwegs, nicht nur auf der Harley-Davidson, auch mit seinem eigenen Flugzeug, da er es sich nach wie vor nicht nehmen lässt, selbst zu fliegen.

Vieles ist noch unentdeckt, Landschaften, Erfahrungsräume und -welten, und so trifft Reinhold Würth immer wieder auf Künstler, die experimentieren, die den Begriff Kunst immer wieder neu und unkonventionell interpretieren. Richard Deacon, der 1949 geborene britische Bildhauer, gehört dazu. Aus Kunstobjekten werden eher Performances als statische Skulpturen. *Art for other people* hat er sein Werk aus dem Jahre 1995 genannt, verschiedenste Materialien, denen auch gefaltetes Papier, Linoleum oder Textilien zugefügt werden. Im gleichen Jahr erhält Deacon den Robert-Jacobsen-Preis der Stiftung Würth.

Unternehmen und Zeitgeschichte

Reinhold Würth auf seinem Jubiläumsgeschenk, einer Harley-Davidson, 1995

Unternehmen und Zeitgeschichte

Reinhold Würth auf dem Weg über das Rollfeld zu seinem Flugzeug, 1995

1996 nimmt die Österreicherin Marlene Streeruwitz als erste Schriftstellerin die von der Stiftung Würth ins Leben gerufene Poetik-Dozentur an der Eberhard Karls Universität Tübingen an und stellt das Thema für die Ausschreibung des ersten Würth-Literaturpreises: »Frühstück und Gewalt«…

Innovationen, das Zusammenfügen altbekannter Erfahrungen mit bahnbrechenden Gedanken und Technologien sind der Motor für das Unternehmen Würth, das mit dem Öko-Audit-Zertifikat für Umweltmanagement auf höchstem Niveau ausgezeichnet wird.

Es ist das Verantwortungsgefühl für eine ganze Region, die das Unternehmen und die Familie Würth umtreiben. 1997 gründet Reinhold Würth zusammen mit dem Gewerkschafter Frank Stroh die Bürgerinitiative »Pro Region Heilbronn-Franken«, um das Wir-Gefühl zu stärken, den Bürgersinn zu fördern und die Region voranzubringen. In München erhält der 1913 geborene Schriftsteller Hermann Lenz, der einen Teil seiner Kindheit in Künzelsau verbracht hat, den erstmals verliehenen Würth-Preis für Europäische Literatur.

Unternehmen und Zeitgeschichte

Reinhold Würth und der Schriftsteller Hermann Lenz, 1997

Bettina Würth, zweitälteste Tochter von Reinhold und Carmen Würth, wird verantwortliche Leiterin für die Bereiche Vertrieb, Produkt und Marketing.

Auf den Firmenbericht eines langjährigen Mitarbeiters antwortet Reinhold Würth: »Ihre Gradlinigkeit und Ihre dickköpfige Leistungsbereitschaft bewegt durch Vorbildlichkeit und Berechenbarkeit mehr als tausend Worte.«

Ein Mann nach seinem Geschmack.

Zwei monumentale Figurenskulpturen markieren in der Kunst eine neue Richtung, die sich auf Archaisches beruft und die bar jeder Schnörkel einfache und klare Formen nutzt, um die Sehweise aufs Wesentliche zu reduzieren. Mimmo Paladinos *Cavallo per Würth* gehört ebenso dazu wie die *Große Doppelfigur* von Stephan Balkenhol.

Unternehmen und Zeitgeschichte

Mimmo Paladino
Untitled (Cavallo per Würth)
(Ohne Titel [Pferd für Würth]), 1998
Sammlung Würth,
Inv. 4684

Stephan Balkenhol
Große Doppelfigur,
1999
Sammlung Würth,
Inv. 5070

Unternehmen und Zeitgeschichte

Beim Süditaliener Paladino verdeutlichen archaisch-mythische Bildfiguren in seinen Skulpturen wie auch in seinen Zeichnungen den Rückgriff auf die Kunstgeschichte, während die Terrakotta-Plastik *Cavallo per Würth* vor allem den Einflüssen Marino Marinis und seiner Reitermythologie Rechnung trägt.

Stephan Balkenhol dagegen nutzt für seine Figuren, die er aus dem Gedächtnis gestaltet, Holz als Material. Sie entziehen sich dem direkten Vergleich mit realen Personen, sie sind zu groß oder zu klein, weisen keine erkennbare Identität auf, die man zuordnen könnte. Ganz traditionell schlägt er seine Figuren aus dem Holzblock und nutzt die Spuren des Arbeitsprozesses, um das Grobe, das Archaische deutlich sichtbar zu machen. Material und Motiv stehen so miteinander im Dialog. Die *Große Doppelfigur* wird 2001 unter dem Motto »Zwei auf einer Basis« als Symbol für die Einweihung der Kunsthalle Würth in Schwäbisch Hall verwendet, des Pendants zum Museum Würth. Sie ist damit die zweite Kunststätte, in der die Kunstaktivitäten des Unternehmers präsentiert werden.

Die Eröffnung der Kunsthalle findet im Beisein von Bundeskanzler Gerhard Schröder statt, den Reinhold Würth zwei Jahre zuvor kennengelernt hat. Er

Eröffnung der Kunsthalle Würth in Schwäbisch Hall, v.l.n.r.: C. Sylvia Weber, Bundeskanzler Gerhard Schröder, Reinhold Würth, 2001

Unternehmen und Zeitgeschichte

wird auch die Vernissage der großen Georg-Baselitz-Ausstellung im Jahr 2008 mit seinem Besuch und einer Rede eröffnen.

Reinhold Würth hat in den Jahren um die Jahrtausendwende mehrere außerordentlich beeindruckende und prägende Begegnungen, etwa die mit dem Dalai Lama, der 1999 die Firmenzentrale Würth besucht, und ein Jahr später mit dem ersten schwarzen Präsidenten Südafrikas, Nelson Mandela. Reinhold Würth ist mittlerweile zum Ehrendoktor der Eberhard Karls Universität in Tübingen ernannt worden und als Honorar-Professor an der Universität Karlsruhe tätig.

Doch das Glück des großen Erfolges und der materiellen Sicherheit wird immer wieder durch Schicksalsschläge erschüttert. Anne-Sophie, die neunjährige Enkelin von Reinhold und Carmen Würth, verliert bei einem Verkehrsunfall ihr junges Leben. Entsetzen, Trauer, Schockstarre umgeben die Familie nach diesem Unglück. Nur langsam fügen sich die Familienmitglieder in das Unab-

Prof. Dr. h.c. Reinhold Würth bei seiner Antrittsvorlesung im Institut für Entrepreneurship an der Universität Karlsruhe, 1999

Unternehmen und Zeitgeschichte

Reinhold Würth
und der Dalai Lama,
1999

Reinhold Würth
und Nelson Mandela,
2000

änderliche, schöpfen neuen Mut. In den nächsten Jahren werden Institutionen ins Leben gerufen, die den Namen Anne-Sophie tragen, zur Erinnerung, zum Gedenken, und auch um ihr liebes, fröhliches Wesen in diesen Einrichtungen als Maßstab für den Umgang miteinander zu verankern.

Ganz besonders die Freie Schule Anne-Sophie in Künzelsau-Taläcker fühlt sich diesem Erbe verpflichtet: Keiner wird übersehen, alle Schüler und Schülerinnen sollen ihre Lernzeit als Gewinn betrachten können. Frei nach Ernst Bloch lautet das Motto: »Ins Gelingen verliebt sein«.

Auch die Welt ist zu Beginn des 21. Jahrhunderts in Aufruhr, der internationale Terror wird zur Bedrohung Nummer eins: Am 11. September 2001 werden zwei Passagierflugzeuge in die beiden Türme des World Trade Centers in New York geflogen, zwei weitere Flugzeuge stürzen auf ihrem Weg der gezielten Zerstörung ab, mehr als 3000 Menschen kommen bei diesen Anschlägen der Terrororganisation Al Qaida ums Leben.

Globalisierung, ökologische Krise und Terror – das sind die beherrschenden Themen dieser Jahre, die auf der anderen Seite auch neue Möglichkeiten bieten. 2002 wird der Euro in den meisten Ländern der Europäischen Union eingeführt, in Heidelberg eröffnet das Unternehmen seine hundertste Niederlassung und Reinhold Würth setzt einen weiteren Meilenstein für die Versorgung seiner Mitarbeiter, indem ein Sozialinstitut gegründet wird, das Mitarbeitern, die erkrankt sind oder Schicksalsschläge erlitten haben, Unterstützung zukommen lässt. Einen weiteren persönlichen Verlust muss Reinhold Würth 2002 ebenfalls hinnehmen, sein langjähriger Freund und Mentor Paul Swiridoff stirbt im Alter von 88 Jahren.

2003 wird das von Carmen Würth initiierte Hotel-Restaurant Anne-Sophie, benannt nach der verunglückten Enkelin, in Künzelsau eröffnet: ein Ort, an dem behinderte und nicht behinderte Menschen Hand in Hand arbeiten, zu dem Zeitpunkt ein einzigartiges Projekt in Deutschland. In diesem Jahr ahnt noch niemand, dass das Hotel 2014 für seine herausragende Küche sogar mit einem Stern des Restaurantführers *Michelin* gekrönt werden wird.

Carmen Würth hält bei der Eröffnung des außergewöhnlichen Hotels, das im Jahr 2013 erweitert und ausgebaut wird, eine berührende Rede, die mit wenigen Worten ausdrückt, was Dichter und Denker in vielen Büchern sagen

Feier zum 10-jährigen Bestehen des Hotel-Restaurants Anne-Sophie. Gleichzeitig wurde das Hotel um einen Neubau und das Ladengeschäft Lindele erweitert.

wollen: »(…) Der Ursprung dieses Hauses, die Idee dazu ist nicht im Kopf entstanden, sondern sie kommt aus dem Herzen. Aus einem übervollen Herzen, das, wie Sie wissen werden, seit mehr als dreißig Jahren um die Sorgen und Nöte von Menschen weiß, die nur mit Herzenskräften zu erreichen sind.

Die Sorgen, die man um diese Menschen hat, die scheinbar unserer Zeit und ihren Anforderungen nicht gewachsen sind, aus verschiedenen Gründen, sind ja nicht, wie man sie ernährt und kleidet oder gar sie gesund zu machen versucht. Sondern zwei Dinge sind es, die, wie ich erlebt habe, genauso wichtig sind wie essen und kleiden. Das Eine ist die Frage: Wie kann man dem Leben eines behinderten Menschen Sinn und Erfüllung geben? Das Zweite ist: Wie verhilft man ihnen zu Begegnungsmöglichkeiten mit anderen Menschen?«

Es geht darum … »dass die meisten Menschen zu ihrer Selbstbestätigung eine Beschäftigung brauchen, eine, die sie bewältigen können. Diese Möglichkeit ist natürlich sehr unterschiedlich, viele können viel, viele aber auch sehr wenig. Es kommt aber darauf an, dass sie erleben können, dass das Wenige, was ihnen möglich ist, nicht sinnlos ist. Das geschieht am besten dadurch, dass sie erleben: Ich tue etwas für andere Menschen.«

Das ist die Umsetzung des alten und immer gültigen Satzes aus Antoine de Saint-Exupérys legendärem Buch *Der kleine Prinz:* »Man sieht nur mit dem Herzen gut, das Wesentliche ist für die Augen unsichtbar!«

Vielleicht kann man anhand dieser Beispiele sehen, wie harmonisch und unangestrengt Carmen und Reinhold miteinander ihrer beider Leben und das der Kinder wie der Mitarbeiter und Mitarbeiterinnen prägen, mit Hartnäckigkeit, mit Zuwendung, mit Herz, mit einem genialen Unternehmergeist, der die richtigen Vorgaben und Visionen erteilt, und doch dabei immer den einzelnen Menschen im Blickpunkt hat.

Life Long Learning, die Konfrontation mit Ungewohntem, das Entwickeln neuer Denkmuster – nicht nur in der Kunst kann man das praktizieren, kann man sich mit neuen Tendenzen und Strömungen auseinandersetzen, auch im sogenannten wirklichen Leben ist es die höchste Tugend, neue Denkmuster zu wagen und offen zu sein – für das Schöne wie für das Unabwendbare.

2006 ist das Jahr, in dem die ganze Familie den Verlust von Alma Würth verschmerzen muss. Die Frau des Gründers der Firma Adolf Würth und Mutter von Reinhold und Klaus-Frieder stirbt im gesegneten Alter von 93 Jahren. Sie war Zeitzeugin eines Meilensteins der Unternehmensgeschichte im Südwesten der Republik, des Erfolgs im eigenen Betrieb, angefangen bei bescheidensten Dimensionen in den Gründerjahren bis hin zu einem weltweit erfolgreichen Unternehmen, das ihr Sohn Reinhold aufgebaut hat, mit Fleiß, Geschick und dem nötigen Quäntchen Fortune.

Nur so sind und waren die zahlreichen Aktivitäten neben der eigentlichen Firmenarbeit möglich, nur so kann man sich um die künstlerische und soziale Entwicklung vieler Menschen kümmern und nur so kann man neue Ideen in die Gesellschaft hineintragen, sie teilhaben lassen an Kunst, an Literatur, an Musik, an Bildung.

Auszeichnungen, die diese Arbeit der Firma honorieren, darunter auch die Ehrendoktorwürde für Reinhold Würth an mehreren Universitäten, u.a. in

Reinhold Würth gratuliert Herta Müller zum Würth-Preis für Europäische Literatur, 2006

Palermo und Kentucky, häufen sich. Bei allem Erfolg aber prägt immer noch und immer wieder das Leitmotiv, auf dem alles aufbaut: »Herz Hand Werk«, die Würth'schen Werte, die motivieren, anspornen und ihre Kreise ziehen.

Allen sollen die Aktivitäten Nutzen bringen, sie fördern im Denken und im Handeln, und so ist Kunst auch nichts Elitäres, was nur wenigen zugänglich gemacht wird, sondern ein Gut, das der Sammler der Allgemeinheit zur Verfügung stellt.

»Bescheidenheit und Respekt und ein großes Staunen« – so beschreibt Reinhold Würth das, was man den nachfolgenden Generationen mitgeben muss. Oder, um den großen Komponisten Gustav Mahler zu zitieren: »Tradition bedeutet nicht die Anbetung der Asche, sondern die Weitergabe der Glut.«

»Kunst ist das Atmen der Seele«
Reinhold Würth

»Bilder, die den Kopf verdrehen«

So lautet der Titel eines Artikels, der die große Baselitz-Ausstellung in der Kunsthalle Würth in Schwäbisch Hall 2008 ankündigt.

Reinhold Würth hat das erste Werk des Künstlers 1987 erworben, lange bevor er ihn selber kennenlernt. Doch als die beiden Männer sich 2007 zum ersten Mal begegnen, entspinnen sich Freundschaft und gegenseitige Achtung zwischen diesen ungleichen Großmeistern ihrer jeweiligen Zunft. Für Reinhold Würth ist Georg Baselitz zu diesem Zeitpunkt neben Anselm Kiefer und Gerhard Richter der bedeutendste lebende deutsche Maler und Bildhauer unserer Zeit. »Wenn man den beruflichen Lebensweg des Künstlers verfolgt, dann gibt es eigentlich nur ununterbrochen den Weg nach oben.«

Und das, obwohl dieser schon als junger Mensch immer wieder aneckt, polarisiert, aufbegehrt, sich dem gesellschaftlich Gewollten widersetzt, seine eigene Version durchsetzt. Unnachgiebig, Betrachter aller Couleur gleichermaßen irritierend. Irritierend auch durch seinen Schachzug, ab 1969 erst mal alles buchstäblich auf den Kopf zu stellen.

Es geht ihm immer um die Konzentration auf Farbe, Form und Spannung. Exzessiv malt er mit dem Pinsel und auch mit den Fingern, berühmtestes Beispiel dafür ist sicher *Fingermalerei III – Adler* (1972). Gerhard Schröder hatte es in seiner Zeit als Bundeskanzler in seinem Büro in Berlin hängen.

Der in Köln lebende Fotograf Benjamin Katz, der seit rund 50 Jahren mit Baselitz befreundet ist, beschreibt die Art seines Eintauchens in die Malerei als einen von ihm, Baselitz, losgelösten Akt: »Ohne Pinsel in der Hand ist er ein sehr freundlicher, umgänglicher Mensch. Sobald er den Pinsel aber in die Hand nimmt, ist er nicht mehr da. Dann vergisst er die Umwelt und ist eine Art verlängerter Arm seines Pinsels.«

Reinhold Würth kann sich davon selber überzeugen, denn nach ihrer ersten Begegnung folgt ein Atelierbesuch am Ammersee, wo Georg Baselitz mit seiner Frau ein architektonisch eindrucksvolles Haus bewohnt. In seinem dortigen Atelier hat er den »Remix« begonnen: Frühere Werke werden noch einmal gemalt, neu interpretiert und oft mit Selbstironie in heitere, leichte Farben gesetzt. Baselitz selber meint:

»Die alten Bilder sind so gut, dass es dem nichts hinzuzufügen gibt. Aber die Bilder neu malen, ohne den psychischen Druck, eröffnet neue Chancen für eine andere Qualität. Ich will diese Bilder nochmal deutlicher machen, klarer und geistvoller. Ich möchte nicht als dumpfer Waldschrat daherkommen.«

2009 findet in der Kunsthalle Würth in Schwäbisch Hall dann die große Ausstellung ausschließlich mit Werken von Georg Baselitz statt, die auch viele seiner »Remix«-Bilder zeigt. Immerhin besitzt die Sammlung zu diesem Zeitpunkt rund 50 Werke des deutschen Künstlers, Malereien und Skulpturen, von denen viele erstmals bei *Georg Baselitz – ↑Top* in der Kunsthalle der Öffentlichkeit gezeigt werden. Das Konvolut ist ein gewichtiger Schwerpunkt innerhalb der Würth'schen Kunstschätze.

Obwohl Baselitz in seinen Ausdrucksformen ein aggressiver Geist ist, der mit abgehackten Beinstümpfen, erigierten Penissen oder anderen obszönen Formen auch immer mal wieder freudig alle Tabus bricht, wird in seinen Bildern ebenso stets seine Geschichte sowie die der Zeit, der er entstammt, reflektiert.

»Meine Malerei hat immer ganz stark mit Erinnerung zu tun, mit Erlebnis, und vor allem mit Bildern, mit der Geschichte meiner Malerei«, so Baselitz.

Die Beschäftigung mit dem Biografischen, die Auseinandersetzung mit den Jugendjahren, die Lektüren, die Historie beanspruchen ihren Platz bei der Entstehung der Bilder und werden so kraftvoll dargestellt, dass man in jedem Fall gezwungen ist, die Bildinhalte im Kopf zurechtzurücken und damit eingefahrene Sehgewohnheiten ebenfalls aufzugeben.

Auf dem Kopf sieht die Welt ganz anders aus und einiges wird relativiert.

Eine Blickrichtung, die einem Mann wie Reinhold Würth entspricht und gefällt. Einfach mal andersherum denken, die Dinge von oben, aus der Vogelperspektive betrachten – wie der Unternehmer es macht, wenn er sich in seinem Flugzeug ins Cockpit setzt und abhebt, um einen Überblick zu gewinnen.

»Fliegen ist für mich eine Leidenschaft, und eines lernt man im Laufe der Jahrzehnte über die Fliegerei schon, nämlich dass man eben nie – bildlich gesprochen – in einen Sack hineinfliegen darf, jedenfalls nicht, wenn man nicht weiß, wie man wieder hinauskommt. Man lernt eine Flugroute zu planen, sich übers Wetter am Zielort zu informieren, das Benzin entsprechend zu kalkulieren, dass man gegebenenfalls sicher zum Ausweichflugplatz kommt. Ich habe immer Wert darauf gelegt, mindestens zweistrahlige Flugzeuge zu haben, um, wenn ein Triebwerk ausfällt, auf ein zweites zurückgreifen zu können, und ich glaube, dass das am Ende schon direkt oder indirekt auf das unternehmerische Tun abfärbt. Hier finden sich in gewisser Weise doch Parallelen und Alternativen, die sich daraus ergeben.«

Reinhold Würth, Fünftausendste Flugstunde..., 2007

Der Unternehmer Reinhold Würth überlässt nichts dem Zufall, er schaut voraus, kalkuliert, wägt ab, denkt neu und probiert aus, ohne Schiffbruch zu erleiden.

Der Kunstsammler Würth fällt seine Entscheidungen ganz aus dem Bauch heraus. Ist leidenschaftlich, hört ganz auf seinen Instinkt, begibt sich in eine andere Sphäre, als es die Geschäftswelt von ihm sonst verlangt.

Zwei Seiten ein und derselben Person.

»Kunst ist das Atmen der Seele«

Georg Baselitz, Gerhard Schröder, Werner Spies und Reinhold Würth bei der Eröffnung der Ausstellung *Georg Baselitz – ↑Top* in der Kunsthalle Würth, 2008 (v.l.n.r.)

Auch wenn Reinhold Würth und Georg Baselitz so unterschiedliche Charaktereigenschaften aufweisen, die Gemeinsamkeiten im Denken und Handeln sind vielleicht größer, als man es auf den ersten Blick vermuten mag.

In diese Kategorie der ungleichen Freunde mit gemeinsamer Schnittmenge gehört ganz besonders auch Alfred Hrdlicka, dessen Retrospektive im Jahr 2008 kurz vor dessen Tod in der Kunsthalle Würth in Schwäbisch Hall zu sehen ist. Und von dem in der Kunstsammlung Würth viele Werke wie der Zyklus *Die Französische Revolution* (1987) oder auch Arbeiten aus dem Zyklus *Musik Monster Mozart* (2005/06) zu finden sind.

Alfred Hrdlicka, der polternde Revolutionär, grob und unbeugsam, ein unbehauener Stein, der provoziert und lautstark seine kommunistischen Ideen propagiert. Und auf der anderen Seite der souveräne, sanfte und moderate Unternehmer, den auch mit diesem großen Künstler eine solide Freundschaft verbunden hat.

Alfred Hrdlicka
und Reinhold
Würth in Schwä-
bisch Hall, 2008

Ein so erfolgreicher wie ehrgeiziger und visionärer Selfmademan wie Würth kann trotz aller Unterschiede im Denken und in der Überzeugung nachvollziehen, wie sich ein junger Bursche namens Hans-Georg Kern aus dem sächsischen Deutschbaselitz aufmacht, um unbeirrt auch unter Anfeindungen, Ablehnungen und Unverständnis seinen Ideen zu folgen. Oder wie ein Alfred Hrdlicka ohne Rücksicht auf Verluste seine Überzeugung und seine Kunst präsentiert. Sicher ist Reinhold Würth nicht so laut und so provozierend wie Baselitz oder Hrdlicka, aber er ist ebenso zielstrebig und voranschreitend.

Ein Mensch, dessen Antrieb es ist, sich immer weiterzuentwickeln.

Die Verbindung zu Alfred Hrdlicka beschreibt Reinhold Würth folgendermaßen: »Dazu gehört eine gewisse Toleranz. Und ich glaube, darüber verfüge ich doch recht stark. Karl Marx war ja eigentlich ein vernünftiger Wissenschaftler, und Hrdlicka war auf seinem Gebiet ein toller Künstler, kommunistisch angehaucht, aber das Geld hat er gern genommen *(er lacht)*… Also, der war schon ein Edelkommunist.«

»Kunst ist das Atmen der Seele«

Alfred Hrdlicka
*Selbstporträt
à la Rubens*, 1990,
aus dem Zyklus
*Die Kunst der Ver-
führung*, 1990,
Sammlung Würth,
Inv. 9481

Es scheint, als ob Welten zwischen diesen Menschen lägen, und doch finden sie in einem Winkel ihrer Seele Mentalitäten, die sie zusammenführen und ihnen einen klar umrissenen, gemeinsamen Nenner stiften. Es ist die Kunst, die als verbindendes Glied zwischen den jeweiligen Lebensformen vermittelt. Bei Reinhold Würth sind es Kunst und Unternehmertum, die wie ein mechanisches Uhrwerk ineinandergreifen. Wohlüberlegt und doch mit Leidenschaft.

Zwei gegensätzliche Pole, die den Menschen ausmachen, ihn prägen, seinen Horizont erweitern, das Persönlichkeitsbild zum Leuchten und Flirren bringen. Den Menschen öffnen für andere Dimensionen des Lebens.

Reinhold Würth: »Wenn Sie ein Museum besuchen, dann schauen Sie sich um, machen sich ein Bild, nehmen die Kunstwerke in ihrer Gesamtheit auf, und je nachdem, um welches Thema es sich handelt, gehen Sie erfreut oder nachdenklich oder dankbar oder vielleicht auch traurig oder ärgerlich aus einer Kunstausstellung heraus. In jedem Fall werden Ihre Emotionen in einem Museum beeinflusst und verändert. Das sind dann Spuren, die im Lebenszyklus des Menschen erhalten bleiben und damit auch das Meinungsbild insgesamt prägen. Die verschiedenen Prägungen fangen ja schon im Kleinkindalter an und gehen ganz massiv weiter in der Schule, im Beruf und in der Familie. Und so ist es auch im Museumsbereich. Ich will mal ein Beispiel nennen: Als Christo die Brücke Pont Neuf in Paris verhüllt hat, bin ich extra nach Paris geflogen und hab' mir das angeschaut. Dieses Bild des weichen, sanften Gehens über die Brücke, dieser Eindruck bleibt ein ganzes Leben.«

Ein Argument mehr, Museen an mittlerweile 15 Standorten des Unternehmens Würth europaweit zu errichten (4 in Deutschland, 11 Kunstdependancen im Ausland), denn die Mitarbeiter/-innen nehmen Kunst quasi im Vorbeigehen auf, begegnen ihr im Alltag beim Kaffeeholen, auf dem Weg in die Kantine, und bekommen so auf informellem Wege immer wieder neue Impulse durch Konfrontation.

Das Gleiche gilt natürlich für die zahlreichen Besucher von außen, die in diesen Museen bei freiem Eintritt Kunst betrachten und bestaunen können. Ein Zweck, der das Allgemeine befördert und dadurch wieder dem intendierten Ziel – Beweglichkeit im Denken und Fühlen – näherkommt.

Oder, um mit Georg Baselitz zu sprechen: »Damit sich im Kopf wieder etwas bewegt«.

Ganz allgemein, aber ebenso treffend hat es ein Artikel der *Costa Blanca Nachrichten* anlässlich einer Ausstellung in der spanischen Würth-Dependance La Rioja formuliert:

»Würth ist einer jener Optimisten, für die Kunst zum Alltag gehört wie Arbeit und Erfolg. Kunst ist mehr als reine Elitekost. Kunst ist für jedermann. Und reicht auch bis in den tiefsten Alltag hinein.«

Liebe auf den ersten Blick

Liebe auf den ersten Blick – gibt es die? Darüber kann man streiten. Wenn man allerdings die Geschichte Revue passieren lässt, wie sich Reinhold und Carmen Würth kennenlernten, dann ist man doch sehr geneigt, diesem Ausdruck Glauben zu schenken.

Ähnliches liegt den ersten Begegnungen von Reinhold Würth mit den Kunstwerken seiner Sammlung zugrunde. Nicht bei allen, dazu kommen wir später noch, aber bei den meisten Kunstwerken, die im 19. und 20. Jahrhundert entstanden sind, gilt dieses erste und absolut sichere Begehren: wie ein Blitzschlag, dessen Wirkung man sich nicht mehr entziehen kann.

Reinhold Würth beschreibt eine Episode in New York, die er mit seinem Enkel erlebt: »Ich spazierte mit meinem Enkelsohn in New York an einer Galerie vorbei. Und wie man diesen Verzögerungseffekt oft in Komödien hat, war ich schon weiter, doch es zog mich zurück. Ich habe mir diese dreidimensionalen Objektbilder des Engländers Patrick Hughes genauer angeschaut. Sie verändern sich je nach Standort, das hat mir imponiert. Dann habe ich gleich drei oder vier gekauft.«

Liebe auf den ersten Blick – so heißt auch eine Ausstellung, die 2007 im Museum Würth am Sitz des Konzerns in Künzelsau-Gaisbach stattfindet. Unter diesem Titel sind 100 Neuerwerbungen des Kunstsammlers Würth aus den vorangegangenen drei Jahren zusammengestellt worden. Spektakuläre Ankäufe, wie sie in so kurzer Zeit in dieser Dimension und Bandbreite wohl von keinem staatlichen Museum hätten geleistet werden können.

Diese Ausstellung ist aber auch das Ergebnis einer so inspirierenden wie fruchtbaren Zusammenarbeit zwischen Reinhold Würth und einem noch jungen Kunst-

»Kunst ist das Atmen der Seele«

Georg Baselitz
Donna Via Venezia, 2004/06
Sammlung Würth,
Inv. 9554

beirat, den er sich 2005 als beratendes Gremium gewünscht und mit hochkarätigen Kunstkennern besetzt hat. Derzeit besteht der Kunstbeirat unter dem Vorsitz von Dr. Christoph Becker, Direktor am Kunsthaus Zürich, aus den Mitgliedern der Würth-Gruppe sowie aus den externen Mitgliedern Fabrice Hergott, Direktor des Musée d'art moderne de la Ville de Paris, Professor Dr. Thomas Gaehtgens, Direktor des Getty Research Institute, Los Angeles, Georg Krupp, dem ehemaligen Vorstand der Deutschen Bank und Mitglied des Stiftungsaufsichtsrats der Würth-Stiftungen, Professor Dr. Martin Roth, Direktor des Victoria & Albert Museum, London, Professor Dr. Peter-Klaus Schuster, dem ehemaligen Generaldirektor

Reinhold Würth mit David Hockney (Mitte) und Werner Spies, 2009

der Staatlichen Museen zu Berlin. Nicht vergessen sei Professor Werner Spies, ehemaliger Leiter des Centre Georges Pompidou in Paris, als Gründungsmitglied, Vorsitzender und Ehrenvorsitzender (bis 2014). Letzterer beschreibt in einem Aufsatz im Katalog dieser Ausstellung ganz wunderbar und sinnlich, was einen Kunstsammler wie Reinhold Würth ausmacht:

»Ein Kunstsammler ist wie ein heißhungriger Leser, dem die Lektüre zu lang wird. Er lässt nichts zu außer der Unmittelbarkeit des ersten Eindrucks, die durch die Erwerbung verlängert wird. Wie bei jedem großen Leser schärft sich mit der Zeit auch sein Geist. Er braucht ständig etwas Neues, das seine Sinne belebt und ihm erlaubt, Tag für Tag und jeden Tag aufs Neue seine Befragungen anzustellen, und zwar ohne Furcht vor Enttäuschung. Von daher ist die Sammlung gehalten, sich mit der Zeit auf die besten Werke und die besten Künstler zu konzentrieren, womit in weniger Zeit und dementsprechend durch weniger Werke garantiert ist, dass die intensive Beziehung zwischen dem Sammler und seinen Werken nicht nachlässt. Das sind die seltensten Sammler. Sie interessieren sich für alles und verhalten sich in jedem Moment so, als suchten sie nach Regeln, in denen sich womöglich die geheimen Mechanismen des Lebens versteckt halten. Zu ihnen gehört Reinhold Würth.«

Und weiter: »Sammeln heißt, sich durch das Zuviel, durch das Gestrüpp des Verfügbaren einen Weg zu schlagen.«

Und dabei geht es Reinhold Würth nicht um ein Anhäufen von wertvollen Kunstgegenständen. Er lässt sich nicht vom Markt vorschreiben, was sinnvoll wäre zu sammeln – nach den Kriterien wertvoll oder wichtig. Er kauft bei und von den Künstlern, die er schätzt, in deren Bilder er sich verliebt hat. Im Vordergrund stehen seine persönlichen Interessen an der jeweiligen Kunst, nicht etwaige Moden des Marktes. Ganz im Sinne eines Pablo Picasso, von dem Reinhold Würth selbstredend einige großartige Werke besitzt und der sich über die flüchtigen Vorlieben des Kunstbetriebs wie folgt aufgeregt hat:

»Von der Malerei spricht man jetzt wie von Miniröcken. Morgen werden sie länger oder haben Fransen. Nie Gesehenes ist nötig. Etwas zum Kopfzerbrechen. Doch wenn man es sucht, das nie Gesehene, dann hat man es schon überall gesehen – mit einer Bügelfalte.«

Solchen flüchtigen Vorlieben, die einzelne Künstler befördern, wenn sie gerade en vogue sind, widersteht auch Reinhold Würth, und zwar nicht aus Not, sondern aus Überzeugung. Nicht äußere Vorgaben bestimmen den Kaufimpuls des Sammlers Würth, sondern sein Herz. Er bekennt, sooft er in einem seiner Museen ein Kunstwerk sehe, das er 25 Jahre zuvor gekauft habe, erinnere er sich sofort an alle Details, die mit dem Kauf verbunden gewesen seien, sogar an den Geruch des Regens an jenem Tag.

Sinnlichkeit versus Rationalität, Liebe gegen Kalkül.

»Er kauft nicht mit den Ohren«

So beschreibt Werner Spies, der Experte und langjährige Freund, diese schöne Eigenschaft des Kunstsammlers Würth. Für ihn ist Reinhold Würth ein Mann, der mit einer unbeirrbaren Obsession seine Kunst sammelt, denn ausschlaggebend ist einzig, was ihm gefällt, ganz subjektiv, das, was seiner Sinnlichkeit entspricht, der er voll und ganz vertraut, vertrauen kann, wie sich an zahlreichen Beispielen innerhalb der Sammlung und im Laufe der Jahre gezeigt hat.

Reinhold Würth hat dazu in einem Gespräch erläutert:
»Von den Fachleuten wird mir ja oft vorgeworfen, dass ich ›Zeugs‹ kaufe, was kein Mensch kennt. Aber ich habe dazu eine andere Einstellung und sage einfach, wenn man Spitzenkunst haben will, produzieren will, dann braucht man die breite Basis. Und so habe ich die Kunstsammlung nach verschiedenen Themenkreisen aufgebaut. Als wichtiges Konvolut habe ich zum Beispiel Werke der wichtigen Absolventen und Professoren der Kunstakademie Karlsruhe gesammelt. Dann habe ich eine der größten Christo-Sammlungen in Zentraleuropa. So gibt es viele verschiedene Aspekte und Schwerpunkte einer Sammlung. Ich könnte zehn oder mehr Fälle nennen, wo ich junge Künstler ganz früh gesammelt habe, die dann später durchaus Eingang in die großen Museen gefunden haben.«

Natürlich freut sich der Kaufmann Würth, wenn seine Ankäufe im Wert steigen und manchmal nach einigen Jahrzehnten um ein Vielfaches mehr wert sind als zum Zeitpunkt des Erwerbs. Ein Pluspunkt, dem ein Kaufmann natürlich niemals abgeneigt ist.

Fachleute beäugen diese Einstellung deshalb manchmal kritisch, weil sie doch allzu oft den allgemeinen Kunstmarktgesetzen oder denen, die diese gerne als Regelwerk und allgemeinen Maßstab sähen, widerspricht, lautstark widerspricht.

Reinhold Würth ist eben einer der ganz wenigen Sammlerpersönlichkeiten, die einen eher reservierten Bezug zum Kunsthandel und zum Kunstmarkt haben.

Er ist sein bester Ratgeber, weil er Herz und Auge über die Jahre geschult hat, das stimmige Beispiel eines perfekten Autodidakten der Kunst. Er wagt etwas, was andere vorher abwägen und, bei zu geringen Gewinnaussichten, wieder verwerfen würden. Eine Strategie, die er in seinem Geschäftsleben durchaus verfolgt, doch bei der Kunst nie zum Maßstab erhoben hat.

Selbst Irrtümern oder dem, was andere als ebendiese ansehen wollen, bleibt er treu. Ganz anders als sonstige bekannte Sammler unserer Zeit, die eng verbandelt sind mit den international operierenden Kunst-Auktionshäusern dieser Welt und sich an deren Kataloge und Empfehlungen halten: kaufen und wieder verkaufen, lieben und wieder verwerfen.

Max Ernst
Composition,
1925
Sammlung Würth,
Inv. 1845

Reinhold Würth baut darauf, dass spätere Generationen verstehen werden, warum er wann was gekauft hat. Für ihn ist Sammeln eine nahezu psychische Notwendigkeit, nicht um des Anhäufens willen, sondern weil es ihm so viel bedeutet, Kunst zu besitzen, die als »Sammelgut« und in ihrer Bedeutung über das Rationale hinausgeht.

Deshalb hat er auch im Zuge seiner Beschäftigung mit der Kunst eine so große Liebe zu Surrealisten wie Max Ernst entwickelt, der mit der »Abschaffung des

Kausalen« einer der großen Vertreter all derer ist, die erstmals auch das verwerteten, was andere als »Abfall« links liegen lassen würden.

Für Max Ernst gibt es den Begriff des »Abfalls« nicht, er hat für ihn nicht die Konnotation von Müll oder von Unnützem. Es entspricht eher seiner Freude, seiner Grundhaltung, alles zu verwerten, sei es in den Collagen, den Frottagen, den Skulpturen und Bildern, weil durch das vermeintlich Unspektakuläre auf einmal Spektakuläres sichtbar wird, durch Übereinanderlegen neue Formen entstehen, Strukturen erkennbar werden, die das bloße Auge sonst nie hätte ausmachen können. Sein Ziel ist es, in allem das Schöne, das Besondere sichtbar werden zu lassen. Seine Werke bilden neben jenen von Georg Baselitz, Alfred Hrdlicka, Gerhard Richter, Anselm Kiefer, Tomi Ungerer und Christo einen der großen Schwerpunkte in der Sammlung Würth.

Eine Mission, die auch Reinhold Würth mit der großen Unterstützung seiner engsten Mitarbeiterin auf dem Gebiet Kunst, C. Sylvia Weber, Direktorin der Sammlung Würth, und ihres Teams für sich in Anspruch nehmen darf, denn in den großen Ausstellungen, die in der Kunsthalle Würth zuletzt zu sehen waren, kommen Themen aufs Tapet, die sich in den unterschiedlichsten künstlerischen Ausdrucksformen in den Kopf der Betrachter unbemerkt, weil geschmeidig, und damit dauerhaft winden. Der Besucher beschäftigt sich auf einmal ganz spielerisch nicht nur mit einzelnen Künstlern, denen Retrospektiven oder Einzelausstellungen gewidmet worden sind, sondern wird animiert und motiviert, sich mit Themen wie Ökologie *(Waldeslust;* 2011/12), mit dem Menschsein als solchem *(Von Kopf bis Fuß;* 2012/13) oder mit unserem Verhältnis zu Tieren *(Menagerie – Tierschau aus der Sammlung Würth;* 2013/14) auseinanderzusetzen. Andere Ausstellungen vermitteln ihm aber genauso heitere Leichtigkeit, wie die über das skurrile und aberwitzige Werk Tomi Ungerers *(Eklips;* 2010) oder die fantastischen Skulpturen und Bilder von Niki de Saint Phalle *(Spiel mit mir;* 2011).

Doch damit nicht genug: Es ist neben aller Kunstliebe zu den großen (und noch weniger großen) Meistern eine Art moralische Verantwortung, die Reinhold Würth antreibt, eine ethische Komponente, die sich auch darin zeigt, dass er nicht nur junge, noch unbekannte Künstler durch Ankäufe ihrer ersten Werke unterstützt und fördert, sondern auch die Kunst von Menschen mit Behinde-

»Kunst ist das Atmen der Seele«

Anthony Caro
und Reinhold
Würth, 2004

Fernando Botero
und Reinhold
Würth, 2004

rungen als »echte« Kunst anerkennt und in seinen musealen Räumen zeigt, wie die wunderbare Ausstellung *Nasen riechen Tulpen* 2008/09 darlegt. Stets spürbar ist sein soziales Engagement, das beide, ihn wie auch seine Frau Carmen, umtreibt, aus großer Überzeugung und eigener Schicksalserfahrung mit ihrem Sohn Markus.

Hans Magnus Enzensberger, Günter Grass und Reinhold Würth, 2006

Was ihn auszeichnet, so schwärmt Werner Spies, ist das Fehlen jeglicher Überheblichkeit in seinem Handeln und Tun, es bereitet ihm einfach nur Freude, mit Künstlern zusammenzuhocken, ihre Unkonventionalität zu erleben, in diese andere Welt einzutauchen.

Reinhold Würth drückt es selber ganz schlicht aus: »Meine Beschäftigung mit der Kunst habe ich immer als emotionalen Gegenpol zur Rationalität meines Kaufmannsberufes empfunden.«

Nicht das Sichmessen mit Künstlern an der Reichweite der Bedeutung ist dabei ausschlaggebend, nicht das narzisstische Abwägen, wer den größeren Glanz verbreitet, nicht das Austarieren von Charisma und Relevanz, sondern die ehrliche Neugier, der Wissensdurst, um den Lebensinhalt des anderen zu erfassen, der Wunsch, sich gegenseitig zu befruchten durch den Austausch von vielleicht auch divergierenden Ideen und Ansichten, ein Geben und Nehmen zwischen Menschen, die sich unvoreingenommen begegnen und eine große Leidenschaft teilen.

Immer auch steht das Lernen im Vordergrund; die Frage, die sich Menschen wie Reinhold Würth täglich aufs Neue stellen: ob sie noch ihren eigenen Ansprüchen nach immerwährender Neugier entsprechen. Die Antwort muss nach kritischer Selbstüberprüfung positiv ausfallen, denn alles andere wäre Stillstand, wäre Lethargie, wäre Faulheit oder Überheblichkeit – in jedem Fall aber das Ende eines bewegten Geistes.

Ein »Weltenherrscher«, wie Werner Spies ihn überschwänglich betitelt, der sich im positiven Sinne alles zu eigen mache, ob am Boden, in der Luft oder zu Wasser, und ein eindrucksvolles Beispiel abgebe, um ein Vorurteil norddeutscher Überheblichkeit den Schwaben gegenüber zu entkräften, denen man gerne unterstelle, sie seien eher schwerfällig und ihr Denken nicht so geölt ...

Vielleicht besteht die große Kunst des Reinhold Würth darin, bei aller Verantwortung, aller Reflexion, allem Überfliegerdasein und aller Tiefe immer auch leicht zu bleiben. Seine Kunsthäuser an den verschiedenen Dependancen fügen sich zusammen wie ein Blumenstrauß, jedes einzelne passt an seinen jeweiligen Platz und strahlt auf die Umgebung leuchtende Farben ab. Wobei nicht das äußere Erscheinungsbild im Vordergrund steht, um damit zu prunken oder zu protzen, ein Monument zu setzen, architektonisch verrückt, aber letztlich vielleicht unbrauchbar für den Zweck. Nein, zunächst einmal wird die Funktion bedacht.

Reinhold Würth hat mit viel Akribie nach den richtigen Museumsentwürfen für seine Sammlung, die Besucher und seine Mitarbeiter/-innen gesucht:
»Es macht keinen Sinn, ein tolles Kunstmuseum zu bauen, das man nachher einweihen will, ohne Bilder richtig hängen zu können. Sie (die Architektur)

muss außerdem auf die Menschen, die dort arbeiten oder die dort zu Besuch sind, einladend wirken, sie muss Wohnlichkeit im wahrsten Sinne des Wortes verbreiten. All dies muss dann kombiniert sein mit einem guten Aussehen, mit einem Ausdruck der Architektur der Zeit. Das war immer mein Anspruch: Ich möchte den Mitarbeitern und Mitarbeiterinnen im Unternehmen eine hervorragende Qualität von Industriearchitektur dieser Zeit bieten. Dazu habe ich oft Architektenwettbewerbe ausgeschrieben, und es sind ja auch ganz gute Ergebnisse herausgekommen.«

Reinhold Würth im Spot der Werbekampagne für Baden-Württemberg: »Wir können alles. Außer Hochdeutsch.«, 2003

Es sind die vermeintlichen Widersprüche, die diesen Sammler und Unternehmer zu einem so besonderen Menschen machen, denn trotz allen Weltenbürgertums ist er ein sehr heimatverbundener Mann geblieben, lebt und liebt seine hohenlohische Herkunft.

Gleichzeitig reizt ihn die Überwindung des Widerstandes, die Realisierung der Utopie, etwas, das ihn mit seinem Freund Christo stark verbindet. Würth hat

»Kunst ist das Atmen der Seele«

»Kunst ist das Atmen der Seele«

Kunsthalle Würth,
Schwäbisch Hall

dies zum einen umgesetzt in seiner Kunst- und Sammelleidenschaft, zum anderen innerhalb der Region, die seine Heimat ist, und natürlich in seinem Unternehmen, das er schwäbisch genau und doch visionär zu dem großen Erfolg geführt hat, den es heute verzeichnen kann.

Die Kunsthalle Würth, das Herzstück der Würth'schen Museen und – wie die Johanniterkirche auch – ein Solitär, nicht angebunden an ein Arbeitsumfeld des Unternehmens, ist darüber hinaus ein unglaublich großzügiges Geschenk an die Bürger von Schwäbisch Hall und Umgebung.

Zur Eröffnung des grandiosen Bauwerks des renommierten dänischen Architekten Henning Larsen im Jahre 2001 schreibt die *Stuttgarter Zeitung*:

»Man kann gar nicht anders, man spürt sofort, das ist ein Museum für die Bürger, für die Stadt hier. Diese Offenheit, dieser Blick auf die den Hang hinaufkletternde Altstadt gegenüber. Wie von einer Dachterrasse schweift der Blick zu den stadtbildprägenden Bauwerken aus den letzten Jahrhunderten. Links und rechts dieser Aussichtsplattform zwei Belvedere-Türme, kantig, aber nicht aufdringlich, die Eingangsbereiche der Kunsthalle Würth, deren aufregendes Innenleben in den Stockwerken darunter zu besichtigen ist.«

Ein Tempel, um auch im Zentrum von Schwäbisch Hall der Kunstsammlung ein temporäres Zuhause zu geben und sie unter jeweils unterschiedlichen Themen der breiten Öffentlichkeit zugänglich zu machen. Die Johanniterkirche mit der fulminanten Sammlung Alter Meister soll ein paar Jahre später folgen. Zwei Kunstzentralen in einer mittelgroßen Stadt, die dadurch seitdem einen wahren Besucherstrom erlebt und sich weit über die Grenzen der Region als Kunstmetropole einen Namen gemacht hat.

»1935 was a good year«

Derjenige, der das am Ende seiner Beschreibung von Reinhold Würth feststellt, ist der weltberühmte Verhüllungs- und Konzeptkünstler Christo, der, wie seine – mittlerweile verstorbene – Frau Jeanne-Claude und eben Reinhold Würth auch, im Jahr 1935 geboren worden ist. Und damit meint er nicht nur die schöne Koinzidenz eines gemeinsamen Geburtsjahres, sondern konstatiert damit seine innige Freundschaft und Verbundenheit mit einem Mann, der ihn – nach eigenen Worten – wirklich versteht.

Nach seiner ersten Begegnung mit Würth befragt, erzählte Christo folgende Geschichte:

Als er zusammen mit Jeanne-Claude an einem regnerischen Novembertag 1993 in Hamburg seine Entwürfe zum neuen Projekt *Wrapped Reichstag* vorstellen will, bittet man die beiden Künstler, noch etwas zu warten, da ein bedeutender Mann hinzukommen wolle, ein Kunstsammler und Unternehmer, der mit dem eigenen Flugzeug anreise und wegen des schlechten Wetters mit starken Sturmböen nicht rechtzeitig landen könne. Was Christo zu dem Zeitpunkt noch nicht weiß, ist, dass der »bedeutende Mann« natürlich selber am Steuerknüppel des Fliegers sitzt... Als er endlich eintrifft, kann die Präsentation beginnen, und am Ende des Abends wird Reinhold Würth eine große Zeichnung vom *Wrapped Reichstag* gekauft und die tiefe Freundschaft mit Christo begonnen haben.

Für Christo ist es besonders aufregend, endlich einer Sammlerpersönlichkeit zu begegnen, die sich für den gesamten Prozess interessiert, den Jeanne-Claude und er für ihre Vorhaben betreiben.

Reinhold Würth will alles wissen – über die Befürworter, die Gegner, die Organisation, die Schwierigkeiten, die Überlegungen, die Einbrüche und neuen Entwicklungen. Er ist fasziniert davon, wie diese Kunst mehr oder weniger außerhalb des »normalen« Kunstbetriebes initiiert ist. Reinhold Würth sieht Christo und Jeanne-Claude als Unternehmer, wie er selbst einer ist.

Es ist ihre Vorgehensweise, die ihn fasziniert, das Pragmatische, das unternehmerische Risiko, das sie eingehen, die sorgfältige Planung, die Voraussicht, die Balance zwischen dem, was jegliches Kalkül übersteigt, und dem Berechenbaren, denn alles wird generalstabsmäßig geplant.

Sicher besteht aus diesem Verständnis und dieser nachvollziehbaren Faszination heraus zwischen Christo und Reinhold Würth die stärkste Beziehung innerhalb der Künstlerfreundschaften des Sammlers.

Bei einem der vielen Treffen, auf denen Christo seinem Freund Reinhold von neuen aufwendigen Projekten erzählt – wie etwa von *Over the River,* dem Projekt für den Arkansas River im US-Staat Colorado, und *The Mastaba of Abu Dhabi,* einem Projekt in der Wüste der Arabischen Emirate, sagt dieser voller Anerkennung und der ihm eigenen humorvollen, trockenen Art zu Christo:

»You are crazy…«, was Christo durchaus richtig als größtes Lob und Kompliment vonseiten des schwäbischen Kaufmanns interpretiert.

Reinhold Würth weiß, was solche Unterfangen in unternehmerischer Hinsicht bedeuten. Und es gefällt ihm!

Seine Unterstützung für Christo und Jeanne-Claude geht weit über das Materielle hinaus, es ist die Seelenverwandtschaft, das unternehmerische Denken, das diese Menschen verbindet, die »Realisierung einer Utopie«, die das Künstlerpaar genauso wie Reinhold Würth um- und antreibt.

Kontinuierlich nimmt Reinhold Würth Anteil an dem Verlauf der Projekte von Christo und Jeanne-Claude, großes Vertrauen, Unterstützung und gegenseitige Achtung attestiert Christo dankbar dieser Freundschaft, die bald auch Carmen Würth einschließt und bis heute währt. Beide Männer neigen dazu, sehr kühne Dinge anzugehen, die einen langen Atem brauchen.

Und in einem ganz besonderen Projekt treffen sich diese beiden Ambitionen: 1995, im Jubiläumsjahr des Unternehmens Würth – man feiert das 50-jährige Bestehen –, weiten Christo und Jeanne-Claude ihre künstlerischen Verhüllungsaktivitäten auf das Verwaltungsgebäude des Würth'schen Unternehmens in Künzelsau-Gaisbach aus.

Die Architekten Maja Müller-Djordjevic und Siegfried Müller haben das 1991 eingeweihte Gebäude der Konzernverwaltung entworfen. Ihm angegliedert sind das erste Würth-Kunstmuseum sowie ein Schraubenmuseum. Unter dem Titel *Wrapped Floors and Stairways and Covered Windows* verhüllen Christo und Jeanne-Claude auf eindrucksvolle Weise diesen markanten Industriebau.

Christo erwähnt in unserem Schriftverkehr am Schluss ganz explizit, es sei ihm noch wichtig zu erwähnen, dass die Würth-Kunstsammlung die größte und wichtigste Sammlung der Werke von ihm und Jeanne-Claude weltweit umfasse.

»It is important for me also to say that the Würth Collection contains the greatest and most comprehensive collection of our work worldwide.«

Man kann diese Verbindung zwischen Künstler und Sammler wohl mit Recht eine sogenannte Win-win-Situation nennen. Es gibt Studien, die glaubhaft belegen, dass alleine diese legendäre Installation von Christo und Jeanne-Claude in Künzelsau, die zahlreiche Besucher angelockt und ein ausnehmend positives europaweites Echo in den Medien gefunden hat, eine Werbewirkung im Wert von damals zehn Millionen D-Mark verzeichnen kann.

»Kunst kann also dem Unternehmen zumindest nicht geschadet haben«, wie Reinhold Würth immer schmunzelnd festhält.

Dazu kommt die positive Ausstrahlung der Museen nach innen: Für die Mitarbeiter/-innen bedeutet es eine hohe Lebensqualität, im Verwaltungsgebäude am Hauptsitz des Konzerns mit der Kunst zu leben und zu arbeiten. Gleiches gilt auch an den elf anderen europäischen Standorten, die ein eigenes Museum integriert haben: Es macht Freude, Freunden und Besuchern zeigen zu können, in welchem Umfeld die Arbeitszeit verbracht werden kann. Nicht zu vergessen auch die Wirkung nach außen, wenn externe Besuchergruppen des Unternehmens nicht irgendein langweiliges Rahmenprogramm über sich ergehen lassen müssen, sondern Kunstführungen präsentiert bekommen, die sich in ihr Gedächtnis einprägen werden.

Das Signal lautet: Hier ist ein Unternehmen, das eben nicht bloß auf Umsatz und Gewinn hinarbeitet, sondern auch für die schönen Dinge des Lebens eine Ader hat.

Vom Dunkel ins Licht

… ist die Ausstellung der Alten Meister aus dem ehedem Fürstlich Fürstenbergischen Besitz benannt, die in der eigens vom Unternehmen Würth erworbenen Johanniterkirche in Schwäbisch Hall zu sehen ist. Eine säkularisierte Kirche aus dem 12. Jahrhundert, die unter hohem denkmalpflegerischem Aufwand renoviert worden ist, um das Gebäude wieder in seiner ursprünglichen Gestalt, in Schönheit und Qualität erlebbar zu machen, und die jetzt mit ihrer bestechend schlicht-schönen Atmosphäre diese Schätze würdig beherbergt.

Am Eingang zum Ausstellungsraum, dem ehemaligen Kirchenschiff, stehend, gleitet der Blick unweigerlich hinauf, über ein beeindruckendes Holzgefüge des erhaltenen spätgotischen Dachwerks, weiter über die rauen Wände, die wieder in ihren ursprünglichen Zustand zurückversetzt worden sind, und schließlich über einen wunderbaren Sandsteinboden, der dem Raum Weite und Wärme gibt.

Ende des 12. Jahrhunderts entstand diese Kirche als Teil der Niederlassung des Johanniterordens in Hall, um fortan das Bild der Stadt zu prägen. Sie ist im Laufe der Jahrhunderte eine katholische, dann eine evangelische Kirche. Im Zuge der Säkularisation verliert das Bauwerk 1816 seine sakrale Funktion, wird Lagerstätte, Turnhalle und Veranstaltungsort. Jetzt ist dieses Gebäude die neue Heimat für die 2003 von Reinhold Würth erworbene ehedem Fürstlich Fürstenbergische Sammlung Alter Meister, ein spektakulärer Ankauf auch deshalb, weil die in der Goethe-Zeit zusammengetragenen Bilder zum Verkauf standen und Gefahr liefen, in die ganze Welt verstreut zu werden, die Cranachs und Riemenschneiders, die Veilchenmeister und Holbeins.

Wenn man jetzt die versammelten Meisterwerke in ihrer neuen, behutsam renovierten Umgebung betrachtet, ist man nicht nur von der Schönheit und Vollkommenheit dieser Werke des ausgehenden Spätmittelalters in den Bann geschlagen, sondern bekommt auch eine Ahnung davon, mit welchen Ideen die Menschen im beginnenden 16. Jahrhundert sich angeschickt haben, das Tor zur Renaissance aufzustoßen.

Schwer vorstellbar, dass Reinhold Würth sich richtiggehend überreden lassen muss, um diese Alten Meister zu kaufen und so ihren Zusammenhalt zu garantieren. Christoph Graf Douglas sowie Carmen Würth sind es hauptsächlich, die den Kunstsammler – der sich mit seiner Sammelleidenschaft fast ausschließlich auf das 20. Jahrhundert konzentriert hat – vom in vielerlei Hinsicht unschätzbaren Wert der Alten Meister überzeugen können, eine Ausnahme zu machen und diesen spätmittelalterlichen Bilderschatz durch seinen Ankauf beisammen sowie in der südwestdeutschen Region zu halten.

Im späten Mittelalter erlebt die sakrale Kunst im süddeutschen Raum zunächst eine zuvor nie gekannte Blüte. Tafelmalerei und Schnitzkunst entstehen in den kulturellen und geistigen Zentren der Städte, im Auftrag des Klerus, des Adels und der Bürger. Sie dienen zum einen dem Lob und der Ehre der göttlichen Dreifaltigkeit, Mariens und der Heiligen. Zum anderen sollen sie aber natürlich auch das Seelenheil ihrer Auftraggeber garantieren.

Vieles davon ist in den nachmittelalterlichen Jahrhunderten durch Krieg und Bildersturm, Brand und Verwahrlosung, durch den Wandel des Geschmacks und Ignoranz verloren gegangen. Und auch bei diesem wunderbaren Ensemble

»Kunst ist das Atmen der Seele«

Lucas Cranach d. Ä.
Die heilige Barbara,
um 1530
Sammlung Würth,
Inv. 9325

sakraler Tafelgemälde handelt es sich in der Mehrzahl um Teile größerer Altaraufbauten und Bildzusammenhänge. Aufgrund ihrer Beschaffenheit – meisterhaft zum Beispiel die Darstellungen, die vergoldeten oder farbigen Gründe und Maßeinheiten – geben die kostbaren Fragmente aber nicht nur Hinweise, aus

»Kunst ist das Atmen der Seele«

Tilman Riemenschneider
Lüsterweibchen,
um 1505/10
Sammlung
Würth, Inv. 5926

welchen Altaraufsätzen sie stammen, sondern sie vermögen zugleich auch in eindrucksvoller und ergreifender Weise von der einstigen Wirkmacht sakraler Ausstattungen Zeugnis abzulegen.

Obwohl gläubig, kann Reinhold Würth diesen sakralen Werken, die sich ihm anfangs verstaubt, ungerahmt und teilweise beschädigt präsentieren, nicht so recht etwas abgewinnen.

Er hat sie gekauft, weil Carmen so begeistert ist, ihm in den Ohren liegt, das Konvolut zu erwerben, und er tut es sicher auch aus konservatorischen Gründen, um den kunsthistorisch so wichtigen Bestand zu erhalten und der Öffentlichkeit zugänglich zu machen.

Erst als er seine Neuerwerbungen frisch restauriert und gerahmt in einer ersten Ausstellung noch in der Kunsthalle zu Gesicht bekommt, verschlägt es ihm die Sprache. Was für wundervolle Kunstwerke präsentieren sich ihm da, ob *Adam und Eva – Der Sündenfall* (1546) von Lucas Cranach d. Ä., *Die heilige Barbara* (um 1530), ebenfalls von Cranach d. Ä., die Altarretabeln eines Hans Strüb oder all die meisterlichen Werke der süddeutschen Künstler, die zum Teil nach ihren »Markenzeichen« benannt sind wie der Meister mit dem Stieglitz oder der Veilchenmeister. Dazu die so filigran und ausdrucksstark geschnitzten Figuren eines Tilman Riemenschneider, eines Hans Multscher – Reinhold Würth kommt aus dem Staunen nicht mehr heraus und sieht, dass seine Entscheidung richtig war.

Im Laufe der letzten zehn Jahre wurde die Sammlung Würth immer wieder um weitere signifikante Werke aus dieser Epoche ergänzt.

Und dann gelingt ihm im Juli 2011 ein Coup, der bundes- wie europaweit für Schlagzeilen sorgt: Die legendäre Schutzmantelmadonna, die berühmte *Madonna des Bürgermeisters Jacob Meyer zum Hasen* von Hans Holbein d. J., auch »Darmstädter Madonna« genannt, kommt als bislang wohl bedeutendste Neuerwerbung in die Sammlung Würth.

Mit ihr schafft Reinhold Würth nun endgültig die Verbindung des spätmittelalterlichen Bestands seiner Sammlung mit der Neuzeit. Diese »Schutzmantelmadonna« zählt zweifelsohne zu den schönsten und wichtigsten Altmeistergemälden der Welt und ihr Schöpfer Hans Holbein d. J. zu den bedeutendsten Künstlern des 16. Jahrhunderts.

Und auch dieses Mal ist es Christoph Graf Douglas, der das Meisterwerk Reinhold Würth »aufschwätzt«, wie dieser lachend erzählt. Ein Werk, um das sich auch das Frankfurter Städel Museum bemüht hat und das die Erbengemeinschaft des Hauses Hessen veräußern muss, um seine sonstigen Kulturgüter instand setzen zu können.

Seit Mitte des 19. Jahrhunderts hat dieses so berühmte wie begehrte Bild zum Eigentum der Großherzöge von Hessen gehört. Hundert Jahre lang ist es in Darmstadt zu sehen gewesen, ab 2003 im Städel Museum in Frankfurt. Und dann ging es darum, ob die Stadt Frankfurt genügend Geld aufbringen kann, um das Bild für sich und damit natürlich auch für Deutschland zu retten. 40 Millionen bringen sie zusammen, nicht genug für diese Schutzmantelmadonna. Reinhold Würth schluckt – und legt noch mal zehn Millionen Euro dazu –, und damit bleibt das umworbene Meisterwerk in Deutschland und kann im Januar 2012 in der Johanniterkirche zu Schwäbisch Hall seinen glorreichen Einzug halten.

Allerdings sind dies Zahlen, die in den Medien kursieren, Reinhold Würth selbst hat mit dem Haus Hessen absolute Diskretion vereinbart und schweigt sich über den tatsächlich bezahlten Preis aus. Er hat sich hier nicht nur als Käufer hervorgetan, er kann auch in diesem Fall als gewichtiger Mäzen deutschen Kulturguts angesehen werden.

Holbeins Schutzmantelmadonna ist nach allgemeiner Auffassung der Fachwelt so einzigartig und schön in ihrer Komposition, dass man sie mit Fug und Recht als das wichtigste deutsche Bild des Spätmittelalters bezeichnen kann.

Exkurs zu Hans Holbein d. J. und der Geschichte seiner Madonna

Leben und Schaffen des Hans Holbein d. J. fällt in die erste Hälfte des 16. Jahrhunderts und damit in eine Zeit, in der die deutsche Kultur mit Umbrüchen zu kämpfen und multikulturelle Prägungen erfahren hat.

Holbein wird um 1497 in Augsburg als Sohn des berühmten Malers Hans Holbein d. Ä. geboren. Kaum 18 Jahre alt, geht Holbein d. J. 1515/19 nach Basel und schließt sich dort der Zunft »Zum Himmel« an. Er heiratet, erlangt die Meisterwürde und erwirbt das Bürgerrecht. Er bleibt aber nicht lange in dieser Stadt, bereits 1524 verlässt er Basel in Richtung Frankreich, weil in der Schweiz im Umfeld der Reformation Unruhen herrschen, Bilderstürme sich ausbreiten. Sein Ziel ist vermutlich der Hof Franz' I., der zahlreiche italienische Künstler und Architekten an seinen Hof lädt, um mit ihrer Kenntnis und Anleitung das Niveau seiner Hofkünste auf das der italienischen Kunst zu heben. Hans Holbein, der hier sicher vor allem deshalb eine Anstellung anstrebt und auch findet, ist somit Nutznießer und gelehriger Schüler dieser internationalen Strömungen.

Zurück in Basel, 1526, beginnt er, der die künstlerische Messlatte für sich ganz hoch gelegt hat, mit der *Madonna des Bürgermeisters Jacob Meyer zum Hasen*. Eine Arbeit, die ihm zum Meisterwerk geraten wird. Holbein ist zu diesem Zeitpunkt nicht mal 30 Jahre alt.

Die Vielschichtigkeit in der Bildsprache des Werkes hat das Interesse der Forschung von jeher auf sich gezogen. Zu erkennen ist, dass Holbein bereits hier die Errungenschaften der Kunst seiner Zeit nutzt; Einflüsse der italienischen, niederländischen, deutschen und flämischen Malerei sind auf dem Werk auszumachen. Man muss sich vergegenwärtigen, dass dieses Bild nur zwei Jahre nach der eindeutigen Stellungnahme Zwinglis gegen die sakrale Verwendung von Bildwerken entsteht.

Der katholische, ehemalige Bürgermeister Meyer zum Hasen befindet sich in einer schweren politischen Krise, als er Holbein den Auftrag für das Madonnenbild erteilt. Der mittlerweile calvinistische Rat der Stadt Basel hat ihn bezichtigt, öffentliche Gelder hinterzogen zu haben, und ihn infolgedessen seines Amtes enthoben. Nur mit Mühe kann er seiner Hinrichtung entgehen, die Beweise gegen ihn reichen nicht aus. Voller Dankbarkeit über diesen glimpflichen Ausgang verspürt er den damals durchaus gängigen Drang, der

Gottesmutter für ihre Fürbitten zu danken, verbunden mit der Bitte, sich für ihn und die Seinen vor dem Jüngsten Gericht einzusetzen.

Consolatrix afflictorum – Trösterin der Betrübten.

Aber nicht nur dem eigenen Seelenheil soll dieses Dankesbild dienen, so demütig ist man zu der Zeit dann doch nicht. Auch der Betrachter ist gehalten, dankbar an den Stifter dieses Werkes zu denken, der sich links von der Madonna in der gleichen Größe hat darstellen lassen wie die Heiligen. Ein wenig anmaßend vielleicht.

Holbein jedenfalls beschert dieses Werk bereits in Basel direkt nach dessen Entstehung großen Erfolg und festigt sein künstlerisches Ansehen über die Stadtgrenzen hinaus. Doch den unruhigen Geist zieht es wieder in die Ferne, dieses Mal nach London.

Man muss sich vorstellen, welchen Kraftaufwand es erfordert hat, solch weite Reisen mit den damals zur Verfügung stehenden Mitteln zu unternehmen. Pferdekutschen brauchen Wochen, um ihr Ziel zu erreichen, die wenigen Wegstrecken sind schlecht, überall lauern Wegelagerer und andere Gefahren. Holbein hat auf dem Weg nach London Station in Antwerpen gemacht, im Gepäck die Empfehlungsschreiben des Erasmus von Rotterdam, den er bereits 1523 mehrmals porträtiert hat. Auf der Insel angekommen, nimmt Thomas Morus ihn bei sich auf und Holbein wird schnell zum gefragten Porträtmaler.

Nur zwei Jahre später, 1528, kehrt er nach Basel zurück, kauft ein Haus – und muss abermals fort, dieses Mal soll es für immer sein. Der protestantische Bildersturm, der als Folge der Reformation mittlerweile überall wütet und wertvolle Kirchenschätze vernichtet, zieht das Verbot jeglicher Bilder und jeglichen Bildschmucks im sakralen Zusammenhang mit sich. Die Auftragslage wird selbst für einen geschätzten Künstler wie Hans Holbein immer schlechter, so schlecht, dass er 1532 endgültig Basel, seine Frau und seine Kinder verlässt, um nach London zu übersiedeln. Hier gelingt ihm nun, was ihm zu seiner Zeit in Frankreich noch nicht vergönnt war: Er erhält die für ihn so wichtigen Aufträge, Angehörige der englischen Aristokratie und ihres Umfelds zu malen. Er perfektioniert seine Porträtkunst so weit, dass er zum Hofmaler am Hofe Heinrichs VIII. aufsteigt und 1536 dessen Konterfei malt.

»Kunst ist das Atmen der Seele«

Hans Holbein d. J.,
Madonna des Bürgermeisters Jacob Meyer zum Hasen, 1525/26 und 1528
Sammlung Würth, Inv. 14910

Doch zurück zur Schutzmantelmadonna, denn nicht nur die Schönheit der Darstellung und ihre Einflüsse machen dieses Bild so interessant. Auch die wechselhafte Geschichte, die diese Tafel im Laufe der Jahrhunderte durchlebte, hat dazu beigetragen, dass sie eine ganz besondere Aura umgibt.

Im 17. Jahrhundert wird die Darstellung kopiert. Für fast zwei Jahrhunderte verschwindet das Original im Dunkel der Geschichte. Vielleicht auf einem Dachboden, vielleicht in einem Keller, vielleicht unerkannt in einer gottesfürchtigen Umgebung. Gleichzeitig erfährt die weitaus schlichtere Nachahmung hohe Bewunderung in der Dresdner Galerie. Erst zu Beginn des 19. Jahrhunderts taucht das echte Werk von Holbein d. J. wieder auf. Doch es dauert weitere 50 Jahre, bis man endlich den hohen künstlerischen Rang dieses Werkes erkennt und seine Einmaligkeit würdigt. Jetzt hat es in der Johanniterkirche in Schwäbisch Hall dauerhaft seinen Platz gefunden. Wahrhaftig eine Geschichte, die aus dem Dunkel ins Licht führt, aus historischer wie aus kontemplativer Sicht.

»Kunst ist das Atmen der Seele«

»Die Wahrheit ist das Ganze«

Diesen Satz des schwäbischen Landsmannes Georg Wilhelm Friedrich Hegel hat der ehemalige Ministerpräsident von Baden-Württemberg und Freund der Familie, Erwin Teufel, innerhalb seiner Laudatio zur Verleihung des James Simon-Preises an das Ehepaar Würth im Sommer 2012 zitiert.

Carmen und Reinhold Würth haben diesen ehrenvollen Preis zum 25-jährigen Bestehen ihrer umfangreichen gemeinnützigen Stiftung verliehen bekommen. Eine Stiftung, die Projekte aus den Bereichen Kunst, Kultur, Forschung, Wissenschaft und soziale Einrichtungen fördert und tatkräftig unterstützt.

»Die Wahrheit ist das Ganze«, ein Satz, dem man uneingeschränkt zustimmen muss, wenn man das umfassende Lebenswerk eines Menschen wie Reinhold Würth und seiner Frau Carmen beschreiben will, mit der er seit rund 60 Jahren Jahren gemeinsam durchs Leben geht.

Es sind Facetten, Momentaufnahmen, die wie ein Puzzle zusammengesetzt werden müssen. So viele Lücken bleiben, doch der Kern dieser Persönlichkeit – als Unternehmer, als Förderer der Künste, als Mensch – wird in jeder einzelnen Begebenheit sichtbar.

Sei es bei den zahlreichen Vorträgen innerhalb seines Unternehmens, die er immer noch mit großem Vergnügen hält und in denen er rasant vom global agierenden und denkenden Player zum schwäbischen Kaufmann mit großväterlicher Attitude wechselt. Eben noch beschreibt er fachkundig und mit internationalen Beispielen unterlegt die Weltwirtschaftslage, um dann in tiefstem Dialekt darauf hinzuweisen, dass es natürlich schön sei, vollgestopft und bequem im Lehnsessel zu hängen, den Wein in Reichweite, das Essen langsam verdauend, das Kissen mit Omas Stickerei in den Nacken geschoben für ein kleines Nickerchen – aber das dürfe kein Dauerzustand sein, wenn man das Unternehmen weiter voranbringen wolle. Da sei der harte Stuhl als Sitzmöbel, der einen in eine aufrechte, wache Position zwinge, bereit, zu handeln, schon die bessere Variante.

Ein Patriarch, den seine Mitarbeiter/-innen schätzen, ja nahezu verehren und – vor allem: respektieren. Ein Mensch und Unternehmer, den Energie, Fantasie und Neugier prägen, für den es nichts gibt, was er sich nicht zutraut. Ein Mann der Tat.

Als »Schraubenkönig« hat ihn die Presse für sich »einsortiert«, und dann noch als einen, der sich einem Steuerverfahren stellen musste und dabei zu einer Geldstrafe verurteilt worden ist. Für Reinhold Würth selber ein Vorgang, der ihn ins Mark getroffen hat. Kaum ein Artikel, der nicht dieses Wort »Schraubenkönig« benutzt oder die längst überstandene Steueraffäre zumindest in einem Nebensatz erwähnt.

Die Aufgabe dieser Publikation sollte es nie sein, diese Dinge aufzuarbeiten oder zu bewerten. Sie fallen einem gewollt streng-subjektiven Zugang meinerseits zum Opfer, ebenso wie die Auflistung all der Auszeichnungen, Ehrendoktorwürden oder Professuren, die Reinhold Würth verliehen worden sind.

Es ist der Mensch, der mich interessiert hat und den zu beschreiben, ein wenig zu erfassen ich mit den unterschiedlichsten Mitteln versucht habe: Persönliche Begegnungen, Gespräche mit ihm Nahestehenden, Recherche in Archiven, Aussagen von Weggefährten, eigenes subjektives Erleben und Empfinden.

Ein Mensch, der die schwierigsten und sicher auch viele glorreiche Jahre des vergangenen Jahrhunderts erlebt hat, der sich vom unbedarften Jüngling, der viel zu schnell erwachsen werden musste, zu einer der erfolgreichsten und schillerndsten Figuren deutschen Unternehmertums entwickelt hat.

Ein Mann, der bei Erscheinen dieses Buches 80 Jahre alt geworden ist und der nach wie vor die Geschicke seines Unternehmens verfolgt oder – sagen wir besser – »überwacht«.

Und der bei allen Höhenflügen und Tiefschlägen über die Jahre so bodenständig geblieben ist wie die Scholle, von der er stammt.

Wie sagte der damals amtierende Bundeskanzler Gerhard Schröder beim Festakt zum 60-jährigen Firmenjubiläum und 70. Geburtstag Reinhold Würths in Künzelsau, auf dessen in den Medien immer wiederkehrenden Titel »Schraubenkönig« anspielend:

»Einem König wird sein Reich in die Wiege gelegt. Sie dagegen, lieber Herr Professor Würth, haben den Erfolg vor allem Ihrer persönlichen Leistung und dem Einsatz Ihrer Mitarbeiter zu verdanken.«

Der große Unternehmer und gewiefte Geschäftsmann auf der einen Seite, der leidenschaftliche Kunstsammler, Flugzeugpilot, Schiffskapitän und Motorradfahrer auf der anderen Seite – und der immer noch so jungenhaft schelmische Mann, der es bei Vernissagen und anderen Gelegenheiten jedes Mal schafft, mit seinem (stets frei vorgetragenen und improvisierten) Redebeitrag das zuvor Gehörte charmant und witzig zusammenzufassen und mit seiner schwäbisch-unverblümten Art die Menschen mit einem erleichterten Lachen zum eigentlichen Event zu entlassen.

Da blitzt dann aus seinen hellen Augen die bubenhafte Freude hervor, sich über ein paar ehrbare Würdenträger ein wenig lustig gemacht, gestandene Professoren ein wenig aufs Korn genommen, allzu Getragenes und Würdevolles wieder auf den Boden der hohenlohischen Realitäten zurückgeholt zu haben. Sanft, humorvoll, elegant – aber sehr zielgenau und treffsicher.

Sie ist ihm immer wieder anzusehen, diese diebische Freude, die ihn packt, wenn er etwas gegen den Strich bürsten kann. Genauso wie das kaufmännische Herz im Einklang mit seinem oft trockenen Humor ist, wenn ihm mit seinen Kunstkäufen ein Coup gelungen ist.

Folgende Geschichte hat mir dazu Roland Doschka, Professor für Romanistik an der Albert-Ludwigs-Universität Freiburg, ehemaliger Initiator der großen Kunstausstellungen in Balingen im Zollern-Alb-Kreis, Kunstkurator, Kunsthändler und Kunstbuchautor in diesem Zusammenhang erzählt, die man auch überschreiben könnte: Der frühe Vogel fängt den Wurm.

Als Pablo Picasso 1973 stirbt, verbleiben seiner letzten Ehefrau Jacqueline Roque unter anderem etwa zehn der von ihm kreierten Keramiktauben, die er allerdings noch nicht signiert hat. Sie gehören fortan, wie viele andere Werke, zum Inventar in ihrer Wohnung in Mougins. Eine Erinnerung an eine lange gemeinsame Zeit.

Jacqueline ist 26 Jahre alt, als sie Picasso kennenlernt. Im März 1961 heiraten die beiden, sie ist 46 Jahre jünger als der zu dem Zeitpunkt längst weltberühmte

Maler. Bis zu seinem Tod bleiben sie zusammen und sie wird eines seiner am häufigsten gemalten Modelle. Als sie sich zum ersten Mal begegnen, ist die junge Frau Verkäuferin bei Madoura in Vallauris, in dessen Atelier Picasso seit 1946 seine keramischen Arbeiten hat brennen lassen.

Am späten Abend des 14. Oktober 1986 nun ruft Jacqueline Picasso in der Keramikwerkstatt an und bittet den Besitzer, noch kurz zu ihr zu kommen. Er folgt ihrer Bitte, erstaunt über den dringlichen Unterton. Sie aber möchte ihm lediglich eine dieser Keramiktauben schenken. Da sie unsigniert sind, schreibt sie eine Widmung für ihn darauf und schickt ihn wieder nach Hause.

In dieser Nacht hat Jacqueline Picasso, geborene Roque, die keinerlei Freude mehr am Leben empfindet, mit allem abgeschlossen und wählt für sich als einzig möglichen Ausweg den Freitod mittels einer Pistole.

Einige Jahre später kommt Roland Doschka mit ebenjenem Keramikatelierbetreiber in Kontakt und kauft ihm die Taube ab. Er ist nicht nur leidenschaftlicher Kunstliebhaber, sondern auch passionierter Kunsthändler und bietet bei einer bald darauf folgenden Gelegenheit Reinhold Würth diese Taube mit der Widmung und Signatur von Jacqueline Picasso zum Preis von 200.000 D-Mark an. Dieser runzelt erst die Stirn, überlegt, wägt ab, weil das Objekt ihm doch ein wenig teuer erscheint, willigt aber schließlich ein, und die Picasso-Taube geht für etwa diesen Preis in die Sammlung Würth ein.

Jahre später entdeckt Doschka in einer Fachzeitung, dass eine der anderen unsignierten, aber eindeutig Picasso zuzuordnenden Tauben für 4,8 Millionen D-Mark verkauft worden ist. Ein Exemplar, wie es auch Reinhold Würth für eine zwar stattliche, aber doch wesentlich geringere Summe gekauft hat. Doschka schickt Reinhold Würth diesen Zeitungsartikel und bekommt bald darauf einen Brief von diesem mit nur einer einzigen Zeile:

»Morgenstund' hat Gold im Mund …«

Eine der vielen Leidenschaften Reinhold Würths ist noch nicht zur Sprache gekommen: Es ist – neben der Musik und der Literatur, die ihm ungemein viel bedeuten – das Fotografieren.

Zehntausende Fotos lagern mittlerweile in seinem Archiv. Es ist der Hunger des Wissbegierigen, die Liebe zur Welt, die ihn antreibt, so vieles, was ihm neu und faszinierend erscheint, mit der Kamera festzuhalten. Weit weg vom bloßen

Fotografierwahn der Sorte von Touristen, denen als einzige Erinnerung an Gesehenes das geschossene Foto bleibt und jegliche sinnliche Erfahrung, jedes tatsächliche Erleben fürderhin ersetzen muss.

Nein, Reinhold Würth hält das, was er sieht, was ihn fasziniert, ihn beeindruckt, mit der Kamera fest. Er interpretiert, ordnet ein und verarbeitet fotografisch, *nachdem* er es mit allen Sinnen erfahren hat.

Bei einer Reise nach Syrien 2009 – als noch kein Bürgerkrieg dort tobte – ist er es, der sich als Einziger aus der Reisegruppe traut, ein Damaszener Eis mit Pistazien an einem öffentlichen Eisstand zu probieren. Er ist derjenige, der, bereits 74 Jahre alt, in der Ruinenstadt Palmyra rücklings unter den Rest eines herabgestürzten Architravs kriecht, um den Reliefschmuck zu bestaunen und mit der Kamera festzuhalten.

Und seine Begleiter auf dieser Exkursion berichten, dass ihn am Assad-Staudamm nur der dringende Hinweis, dass es sich um militärisches Sperrgebiet handele, abhalten kann, ein Bad zu nehmen. Zwei Tage später erreicht die Gruppe mit einem Bus über mühsame Wegstrecken das Ausgrabungsfeld in Qatna nordöstlich der Millionenstadt Homs. Ruhig, aber mit jenem Flackern in den Augen, das seine Eroberungslust und seinen Abenteuergeist ganz deutlich zeigt, besteigt er sofort den Befestigungswall, wo ihm der Hut gleich mehrmals wegfliegt, und lässt sich, oben angekommen, die historische Stadtanlage, eine der größten bronzezeitlichen Siedlungen Alt-Syriens, von einem Archäologen genauestens erklären.

Auf die Frage, warum er sich so für das Alte interessiere, aus dem einige ausgewählte Stücke später in einer Stuttgarter Ausstellung gezeigt werden, und warum er sich für deren Präsentation im öffentlichen Raum engagiere, sagt er lapidar: »Wir müssen doch unsere Kinder in das Interesse für Geschichte hineinpflegen.«

Es ist sein immerwährender Grundsatz vom »Werden – Sein – Vergehen«, der sein Unternehmen und damit ihn selbst und seine Mitarbeiter/-innen davor bewahrt, im Stadium des »Seins« zu verharren, wo er die Kameralisten und Buchhaltertypen mit Recht vermutet, die es sich auf ihren Lorbeeren oder wahlweise im schon zitierten Ohren-Lehnsessel bequem gemacht haben und alles nur noch gelangweilt abhaken.

Bei ihm soll sich alles immer wieder im Stadium des »Werdens« befinden, dafür muss man die Geschichte, die Tradition kennen, um sie mit Feingefühl und Geschick neu gestalten zu können.

Reinhold Würth ist ein Mensch, der Feuer gefangen hat und mit dieser brennenden Leidenschaft vorangeht, ohne andere missionieren zu wollen, der Neues entstehen lässt und Besonderes auch mit der Kamera festhält, dokumentiert, um daraus wiederum zu lernen und Ungewohntes zu entwickeln. Seine Feststellung, was man aus solchen geschichtlichen Vorgaben lernen könne, ist nicht nur auf die Archäologie des Nahen Ostens bezogen, sondern auf alles, was diese Welt an Großem und Ehrfurchtgebietendem zu enthüllen hat:

Immer wieder – »Bescheidenheit und Respekt und ein großes Staunen«.

Epilog

Es gibt so vieles, was man noch erwähnen müsste. So viele Aktivitäten, künstlerische Interessen, Sammelschwerpunkte, unternehmerische Finessen, Gründungsideen, Entwicklungsimpulse, Freundschaften, persönliche Meriten, die diesen Mann, Reinhold Würth, ebenfalls ausmachen.

Es ist und bleibt ein unvollständiges Bild, dessen Einzelteile aber eines hoffentlich vermögen: die Konturen eines Menschen nachzuzeichnen, der mit ganzer Kraft, mit hoher Intelligenz, mit menschlicher Wärme und großer Leidenschaft seine Ziele konsequent verfolgt.

Kunst und Kultur, das ist sicher Konsens, tragen zur Weltoffenheit bei, wenn man sich mit ihnen beschäftigt, wenn man sich auf sie einlässt. Sie befördern ein positives, offenes Denken und sind somit unverzichtbarer Bestandteil einer demokratischen Gesellschaft.

Kunst öffnet Horizonte und erweitert die jeweiligen Sichtweisen.

»Kunst«, so hat es Gerhard Schröder bei der Vernissage zur großen Baselitz-Ausstellung 2009 in Schwäbisch Hall gesagt, »versieht die Wirklichkeit mit einem Fragezeichen, also muss man sich selber ebenso infrage stellen. Und manchmal«, so Schröder weiter, »ist Kunst auch ein Ausrufezeichen.«

Reinhold Würths Leidenschaft für die Kunst hat mit seiner fulminanten Sammlung und deren Präsentation an so vielen, auch architektonisch reizvollen Orten bereits viele Ausrufezeichen hinterlassen und setzt unentwegt neue dazu. Diese Ausrufezeichen entstehen, wenn Besucher und Mitarbeiter/-innen, die sich mit der Kunst auseinandersetzen, die ihr innewohnenden Fragen erkannt und für ihr Empfinden und Denken fruchtbar gemacht haben. Wenn sie sich mit Kopf und Seele eingelassen haben auf das Schöne, Beschwingende, Laute, Skurrile, Spielerische, Beängstigende, Erheiternde, Unruhige, Aggressive, Aufwühlende, das Kunst ihnen in so vielen Ausformungen zu bieten hat.

Mit seinem hohen privaten Einsatz im Sozialen und in der Kunst, sowohl monetär wie ideell, hat Reinhold Würth ein zivilgesellschaftliches Engagement bewiesen, das die Gesellschaft weiterhin dringender braucht denn je und das im Gesamtzusammenhang gar nicht genug gewürdigt werden kann.

Reinhold Würth, so weit habe ich ihn kennengelernt, würde jetzt abwinken und mahnen, wieder auf den Boden der Tatsachen zurückzukommen. Er ist keiner, der stolz die Hosenträger schnalzen lässt, sich Zustimmung heischend nach rechts und nach links dreht und sich weidet am Beifall der Menschen. Claqueure aus Opportunismus kann er nicht gebrauchen, er will ehrliches Engagement, positives Denken, wahrhaftes Interesse an dem, was er tut und warum er es tut, das ist ihm Anerkennung genug.

Arbeiten, nicht schwätzen.

Er besitzt in seiner Sammlung das größte Ensemble österreichischer Kunst auf nicht österreichischem Boden, das weltweit umfassendste Ensemble an Robert-Jacobsen-Skulpturen; zahlreiche Arbeiten von Absolventen der Staatlichen Kunstakademie Karlsruhe, zu der er eine intensive Verbindung hält, sind in seine Sammlung eingeflossen.

Darin befindet sich auch der dichteste Bestand an Max-Ernst-Grafiken, eine komplette Übersicht über das Werk Alfred Hrdlickas, ein umfassender Querschnitt durchs Verhüllungswerk von Christo und Jeanne-Claude und so weiter, und so weiter, und so weiter.

Museumsdirektorin C. Sylvia Weber hat die Inventarnummern der gesammelten Werke bis zur Nummer 763 noch auswendig gekannt und durchdeklinieren können. Das war lange bevor das erste Museum Würth in Künzelsau-Gaisbach entstanden ist.

Seitdem ist der Stab der Kunstmitarbeiter/-innen um ein Vielfaches gestiegen und alle müssen die Inventarnummern mit ihren fünfstelligen Zahlen schon sehr sorgsam auflisten, denn das Konvolut, mittlerweile über 16.000 Exponate umfassend, wächst stetig weiter und wird auch in Zukunft der Öffentlichkeit an den unterschiedlichsten Orten weltweit zugänglich sein.

Ein Geschenk an die Menschen der jeweiligen Region und an alle, die sich daran erfreuen und ihren Geist bereichern wollen.

Mit Respekt und einem großen Staunen bedanke ich mich bei Professor Reinhold Würth, dass er mich so nahe an sein Leben herangelassen hat.

Dank

Dieses Buch wäre niemals zustande gekommen, wenn nicht so viele Menschen mir ihr Vertrauen und ihre Zeit geschenkt hätten, um mit mir über Reinhold Würth und seine Kunstsammlung zu sprechen.

Im Besonderen gilt mein Dank:

C. Sylvia Weber, Direktorin der Sammlung Würth – für die große Unterstützung und hilfreiche Begleitung während all der Recherchen.

Werner Spies, ehemaliger Leiter des Musée national d'art moderne – Centre Georges Pompidou in Paris und bis 2014 Ehrenvorsitzender des Kunstbeirats der Würth-Gruppe – für die ausgefeilten Hintergrundinformationen, die er mir über Reinhold Würth und seine Kunstsammlung gegeben hat.

Roland Doschka, Akademischer Rat für Französisch an der Albert-Ludwigs-Universität Freiburg – für die schönen Anekdoten des Kunstmarktes, die er mir mitgeteilt hat.

Christo, Künstler – für seine ausführlichen Schilderungen über das Verhältnis zwischen ihm und seinem Freund Reinhold Würth.

Hans Maier, ehemaliger Kultusminister des Landes Bayern – für den Bericht seiner guten Erfahrungen mit Reinhold Würth.

Gerhard Schröder, Bundeskanzler a. D., und Erwin Teufel, Ministerpräsident von Baden-Württemberg a. D. – für das Überlassen ihrer Reden zu und Laudationes auf Reinhold Würth.

Ludger Drüeke, Leiter des Würth-Firmenarchivs in Künzelsau – für das mannigfache Beschaffen von Artikeln aller Art, Fotos und firmeninternen Arbeitsberichten.

Evelyn Aufrecht, Norbert Bamberger und Dominique Steinbach – die mir bei der Koordination von Terminen und Gesprächsrunden sowie bei den Korrekturen sehr geholfen haben.

Besonders danke ich Carmen Würth – für die Kaffeestunden, in denen sie mir so vieles aus ihrer Sicht über ihren Mann berichtet hat.

Und natürlich möchte ich mich bei Professor Reinhold Würth selbst dafür bedanken, dass er mich immer wieder zu Gesprächen empfangen hat, immer wieder geduldig meine Fragen beantwortet und sogar auf seinen Reisen Material für mich bereitgestellt sowie an den entferntesten Punkten dieser Welt Manuskriptseiten durchgesehen und kommentiert hat. Ohne seine Offenheit hätte dieses Buch nicht geschrieben werden können.

Bernadette Schoog,
im November 2014

Die Autorin

Bernadette Schoog ist in Kevelaer geboren. Abgeschlossene Studien der Erwachsenenbildung, Kommunikationswissenschaften (Diplom-Pädagogin) und Literaturwissenschaften an der RWTH Aachen und der Albert-Ludwigs-Universität Freiburg (1977–1983). 1983 bis 1987 Dramaturgin und Referentin für Öffentlichkeitsarbeit an den Theatern Bochum (Bochumer Ensemble), München (Theater der Jugend) und am Theater Basel. 1988 bis 1995 Hörfunk-Redakteurin/Reporterin für Kultur und Landespolitik beim SWR in Freiburg und Baden-Baden. 1995 bis 2010 Fernsehmoderatorin von täglichen Livesendungen in der ARD und im SWR – Aktuelles, Kultur, Service, Talk und Landespolitik. Seit 2008 Veranstaltung der eigenen Gesprächsreihe vor Publikum: »Schoog im Dialog« – mit Prominenten aus Kultur, Wirtschaft, Politik und Unterhaltung in Tübingen. Seit 2010 fortlaufend Lehraufträge für Interviewführung und Präsentation am Institut für Rhetorik/Medienwissenschaften an der Eberhard Karls Universität Tübingen sowie seit 2012 am Campus Künzelsau – Reinhold-Würth-Hochschule und an der privaten Hochschule Bodensee-Campus in Konstanz. Seit 2010 Coaching von Führungskräften und anderen Personenkreisen in ihrer (Selbst-)Präsentation sowie Texten und Gestalten von Audioguides und Verfassen verschiedener Publikationen. Dazu zahlreiche Moderationen von Kongressen einzelner Ministerien, bei Verbänden, Unternehmen sowie bei Galas und Jubiläumsveranstaltungen.

Abgebildete Werke aus der Sammlung Würth

Emil Nolde
Wolkenspiegelung in der Marsch, um 1935
Aquarell auf Japanpapier
35 x 48 cm
Sammlung Würth, Inv. 3
Seite 21

André Masson
*Les insectes matadors
(Stierkämpfende Insekten),* 1936
Öl auf Leinwand
89 x 116 cm
Sammlung Würth, Inv. 7912
Seite 22

Lyonel Feininger
Gelbe Dorfkirche III, 1937
Öl auf Leinwand
80 x 100 cm
Sammlung Würth, Inv. 4244
Seite 24

Jean Fautrier
Bouquet de fleurs (Blumenstrauß), 1938
Öl auf Leinwand
100 x 82 cm
Sammlung Würth, Inv. 8041
Seite 24

Pablo Picasso
*Fillette couronnée au bateau
(Bekröntes Mädchen mit Schiff),* 18. 6. 1939
Öl auf Leinwand
92 x 74 cm
Sammlung Würth, Inv. 4718
Seite 25

Hans Arp
*Géométrique-agéométrique
(Geometrisch-ageometrisch),* 1942
Bronze, 30 x 28,5 x 16,5 cm
Sammlung Würth, Inv. 2609
Seite 27

Max Beckmann
Küchenmaschine, 1945
Öl auf Leinwand
40 x 60,5 cm
Sammlung Würth, Inv. 2226
Seite 40

Franz Radziwill
*Der Sandstert am Jadebusen/
Unter Wasser kämpfende Seehunde,* 1947
Öl auf Leinwand, auf Holz aufgezogen
63 x 87 cm
Sammlung Würth, Inv. 7939
Seite 41

Fernand Léger
*La couverture bleue dans le paysage
(Die blaue Decke in der Landschaft),* 1951
Öl auf Leinwand
55 x 38 cm
Sammlung Würth, Inv. 1654
Seite 48

Robert Jacobsen
Ideomotorisk Problem II, 1952
Eisen
64 x 47 x 51 cm
Sammlung Würth, Inv. 3261
Seite 49

Abgebildete Werke aus der Sammlung Würth

Nicolas de Staël
Marine au cap (Seestück am Kap), 1954
Öl auf Leinwand
89 x 130 cm
Sammlung Würth, Inv. 8556
Seite 50

Arnulf Rainer
Große Übermalung, 1955/61
Öl auf Leinwand
50 x 70 cm
Sammlung Würth, Inv. 2638
Seite 52

Max Ernst
*Cueillette d'oranges/Orangenpflücken
(Il la vit aussi cueillir des oranges
dans son corsage et constata qu'elles
étaient chaudes)*, 1959
Öl auf Holz, 34 x 26 cm
Sammlung Würth, Inv. 9536
Seite 58

Friedensreich Hundertwasser
*366 Balance oculaire III
Augenwaage III*, 1958
Mischtechnik auf Papier
(Aquarell, Tusche, Eitempera,
Öl, Lack, Schellack, Goldfolie)
auf Leinwand montiert, 49 x 65 cm
Sammlung Würth, Inv. 7253
Seite 67

Sonia Delaunay-Terk
Mallarmé, 1961
Gouache auf Papier
65 x 50 cm
Sammlung Würth, Inv. 1932
Seite 72

Georg Baselitz
Der Haken, 1962
Öl auf Leinwand
100 x 80 cm
Sammlung Würth, Inv. 11046
Seite 74

Rudolf Hausner
Der kleine Narrenhut, 1963
Tempera und Harzölfarben auf Papier,
kaschiert auf Hartfaserplatte
31 x 50,5 cm
Sammlung Würth, Inv. 3382
Seite 75

Alfred Hrdlicka
Hansi – Illusion perdue, 1965
Gelber Sandstein
143 x 60 x 55 cm
Sammlung Würth, Inv. 3085
Seite 79

Horst Antes
*Figur im preußischblauen Kleid
mit Kuana-Vogel*, 1972
Aquatec auf Leinwand
130 x 100 cm
Sammlung Würth, Inv. 2299
Seite 83

Walter Stöhrer
Hirnmodulator, 1975
Mischtechnik mit Collage
auf Leinwand
206 x 180 cm
Sammlung Würth, Inv. 6374
Seite 84

Anselm Kiefer
San Loretto, 1976–2007
Öl, Emulsion, Acryl und Schellack
auf Leinwand
190 x 280 cm
Sammlung Würth, Inv. 11541
Seiten 86/87

Henry Moore
Large Interior Form, 1982
Bronze, Aufl. 6+1, Ex 5/6
Höhe: 522 cm
Sammlung Würth, Inv. 7350
Seite 89

Abgebildete Werke aus der Sammlung Würth

Roy Lichtenstein
Painting: Map, 1984
Mischtechnik auf Sperrholz
154 x 256 cm
Sammlung Würth, Inv. 3863
Seiten 90/91

Anthony Caro
*Table Piece Y-93, The Procession
of the Magi,* 1987
Stahl, gewachst, 147,5 x 360,5 x 172,5 cm
Sammlung Würth, Inv. 7761
Seite 96

Fernando Botero
*Woman in Front of a Mirror
(Frau vor einem Spiegel),* 1988
Öl auf Leinwand, 200 x 140 cm
Sammlung Würth, Inv. 8134
Seite 97

Christo und Jeanne-Claude
*Wrapped Floors and Stairways
and Covered Windows,
Project for Museum Würth,* 1995
Seiten 101 und 102

Mimmo Paladino
*Untitled
(Cavallo per Würth)
(Ohne Titel
[Pferd für Würth]),* 1998
Terrakotta
383 x 325 x 80 cm
Sammlung Würth, Inv. 4684
Seite 107

Stephan Balkenhol
Große Doppelfigur, 1999
Zedernholz, bemalt
249 x 117 x 195 cm
Sammlung Würth, Inv. 5070
Seite 108

Alfred Hrdlicka
Selbstporträt à la Rubens, 1990
aus dem Zyklus *Die Kunst der Verführung*
Öl auf Leinwand
100 x 70 cm
Sammlung Würth, Inv. 9481
Seite 121

Georg Baselitz
Donna Via Venezia, 2004/06
Bronze, patiniert und farbig gefasst
264,5 x 84,4 x 93,5 cm
Sammlung Würth, Inv. 9554
Seite 124

Max Ernst
Composition, 1925
Öl auf Karton
34,6 x 49,3 cm
Sammlung Würth, Inv. 1845
Seite 128

Lucas Cranach d. Ä.
Die heilige Barbara, um 1530
Rotbuche
73 x 56,5 cm
Sammlung Würth, Inv. 9325
Seite 141

Tilman Riemenschneider
Lüsterweibchen, um 1505/10
Lindenholz, vollrund gearbeitet,
rechter Arm sowie Hutkrempe
und Teil der Hutkappe ergänzt
35 x 25,8 x 20,2 cm
Sammlung Würth, Inv. 5926
Seite 142

Hans Holbein d. J.
*Madonna des Bürgermeisters Jacob Meyer
zum Hasen,* 1525/26 und 1528
Nadelholz
146,5 x 102 cm
Sammlung Würth, Inv. 14910
Seiten 10 und 147

WÜRTH

Die Publikation ist ein Projekt der Adolf Würth GmbH & Co. KG und wird umfänglich von ihr getragen

Fotonachweis:
Ufuk Arslan, Schwäbisch Hall S. 9
Ivan Baschang, München/Paris S. 52
Roland Bauer, Braunsbach S. 2, 102, 109
Archiv Dickinson, London S. 97
Charles Duprat S. 86/87
Peter Falk, Schwäbisch Hall S. 22
Ulrich Ghezzi S. 58
Eva Maria Kraiss, Schwäbisch Hall
S. 89, 119, 125, 131
Jochen Littkemann, Berlin S. 74
Volker Naumann, Schönaich S. 24, 41, 48, 75, 90/91, 121, 124, 141
Roman Ray, Köln S. 149
Harald Reich, Schwäbisch Hall S. 83
John Riddy S. 96
Galerie Taddaeus Ropac, Salzburg S. 124
Andi Schmid, München S. 113, 130 oben
Philipp Schönborn, München S. 10, 21, 40, 49, 67, 72, 79, 101, 107, 108, 128, 134/135, 142, 145
Andreas Veigel: Titelmotiv
Alle weiteren Fotografien:
Firmenarchiv Würth

Gestaltung:
Büro Langemann, München

Druck und Bindung:
Passavia Druckservice, Passau

© 2015 die Autoren und
Swiridoff Verlag, Künzelsau

ISBN 978-3-89929-302-9

© der abgebildeten Werke
bei den Künstlern, ihren Erben
oder Rechtsnachfolgern,
mit Ausnahme von:
© Georg Baselitz, 2015
© Christo: Christo 1995
© Friedensreich Hundertwasser:
2015 NAMIDA AG, Glarus/Schweiz
© Emil Nolde: Nolde Stiftung Seebüll
© Pablo Picasso: Succession Picasso /
VG Bild-Kunst 2015

© VG Bild-Kunst 2015:
Horst Antes, Hans Arp,
Stephan Balkenhol, Max Beckmann,
Max Ernst, Jean Fautrier,
Lyonel Feininger, Alfred Hrdlicka,
Robert Jacobsen, Fernand Léger,
Roy Lichtenstein, André Masson,
Mimmo Paladino, Franz Radziwill,
Nicolas de Staël, Walter Stöhrer